POLYGLOTT

MYANMAR

ON TOUR

D...

MARTIN H. PETRICH

lebt in Berlin und Yangon. Als Studienreiseleiter bereist er Myanmar seit Mitte der 1990er-Jahre. Das Land hat es ihm besonders angetan, denn hier lässt sich viel Ursprüngliches entdecken. Wo sonst begegnet man noch urigen Ochsenkarren, derart unterschiedlichen Volksgruppen und einem so lebendigen Buddhismus? Ganz besonders schätzt der Südbadener die Liebenswürdigkeit der Menschen.

Unser E-Book-Code zur elektronischen Erweiterung des POLYGLOTT on tour. Das kostenlose E-Book enthält die im Reiseführer aufgeführten Adressen entlang der Touren, beispielsweise zu Essen und Trinken, Shoppen, Aktivitäten und Hotel-Tipps. Links auf einen externen Kartendienst vereinfachen das Auffinden dieser Adressen.

WWW.POLYGLOTT.DE

SEITENBLICK

ERSTKLASSIG

ALLGEMEINE KARTEN

REGIONEN-KARTEN

STADTPLÄNE

DETAILKARTEN

6 TYPISCH

20 REISEPLANUNG & ADRESSEN

34 LAND & LEUTE

SYMBOLE ALLGEMEIN

Erstklassig: Besondere Tipps der Autoren

Seitenblick: Spannende Anekdoten zum Reiseziel

12 Top-Highlights und Highlights der Destination

ZEICHENERKLÄRUNG DER KARTEN

- beschriebene Region (Seite=Kapitelanfang)
- 10 E h Sehenswürdigkeiten
- 4 Tourenvorschlag
- Autobahn
- Schnellstraße
- Hauptstraße
- sonstige Straßen
- Fußgängerzone
- Eisenbahn
- Staatsgrenze
- Landesgrenze
- Nationalparkgrenze

Mystische Stimmung umfängt den Besucher
zwischen den 3000 Pagoden Bagans

TYPISCH

MYANMAR IST EINE REISE WERT!

Jahrzehnte war Myanmar Besuchern verschlossen. Dann mieden Besucher das frühere Birma wegen der Militärdiktatur. Doch seit seiner Öffnung zählt das Land mit seinen Kulturschätzen und seiner ethnischen Vielfalt zu den angesagtesten Reisezielen Asiens. Zu Recht.

MARTIN H. PETRICH
Der Autor lebt in Berlin und Yangon. Als Studienreiseleiter bereist er Myanmar seit über 20 Jahren. Das Land hat es ihm angetan, denn hier lässt sich viel Ursprüngliches entdecken. Wo sonst begegnet man so unterschiedlichen Volksgruppen, einem lebendigen Buddhismus und derart liebenswerten Menschen?

Die vier Jungs sind sichtlich stolz. In Prinzengewänder gehüllt, thronen sie auf den herausgeputzten Pferden. Unter ihren Turbanen entstehen erste Schweißperlen, denn noch müssen sie ausharren, bis die Prozession sich in Bewegung setzen kann. Die goldenen Schirme bieten nur wenig Schutz vor der gleißenden Aprilsonne. Vor ihnen stellen sich farbenfroh gekleidete Mädchen mit Opfergaben auf, hinter ihnen sitzen weitere Mädchen in glitzerndem Outfit auf üppig dekorierten Ochsenkarren. Die Spitze der Prozession bildet ein Trupp von Jugendlichen, die wie Rapper zu lauter Musik tanzen. Dann geht es los und der Zug windet sich mit diversen Zwischenstationen an populären Pagoden durch die Straßen. Ziel ist ein Kloster am Stadtrand, wo der Abt die vier Jungs empfängt, um sie ins Kloster aufzunehmen. Schon bald werden aus hübschen Prinzen in Prachtgewändern kahlgeschorene Mönche in rostroten Roben.

Diese *Shin Phyu* genannte Zeremonie zählt zu den Höhepunkten im Leben eines Heranwachsenden, der mindestens einmal im Leben als Mönch in ein Kloster gehen wird. Das Ritual findet auch in anderen buddhistischen Regionen Asiens statt, doch nirgends wird es so prachtvoll gefeiert wie in Myanmar. Und das ist typisch für dieses faszinierende Land. Alles ist hier etwas größer, goldener, feierlicher. Nirgends gibt es mehr Pagoden, nirgends mehr Buddhas, nirgends mehr Mönche.

Gern als Land der Pagoden besungen, hat Myanmar indes weit mehr zu bieten als nur religiöse Stätten. Bei einer Reise durch Myanmar begegnet man verschiedensten Volksgruppen, die jeweils ihre ganz eigenen Traditionen pflegen. Wenn es auch nicht unbedingt 135 Ethnien sind, wie offiziell verkündet, so leben vor allem in den Bergen sehr viele verschiedene Minderheiten. Das Spektrum ihrer Eigenarten ist breit gefächert: von den Frauen der Chin, die ihre Gesichter tätowieren, über die Männer der Nagas, die ausladenden Kopfschmuck tragen, bis zu den Familien der Loi Wa, die gemeinsam in Langhäusern leben.

Ähnlich abwechslungsreich und vielfältig wie die Menschen sind die Landschaften Myanmars. Auf einer Fläche von 676 577 km², etwa doppelt so groß wie Deutschland, wechseln schneebedeckte Fünftausender an der Grenze zu Tibet ab mit fruchtbaren Mittelgebirgen im Shan-Staat oder savannenartigen Trockengebieten im Landesinneren. Am Golf von Bengalen und im Süden säumen palmenbeschattete Sandstrände die Küste.

Doch lange wollte das Land nichts von ausländischen Touristen wissen. Nach dem Militärputsch von 1962 führte General Ne Win das damalige Birma in die Isolation. Später, nach dessen Öffnung in den 1990er-Jahren wiederum mieden viele Besucher den südostasiatischen Staat, um damit gegen die brutalen Menschenrechtsverletzungen zu protestieren. Eine Reise nach Myanmar wurde zum Politikum.

Doch wer Myanmar trotzdem bereiste, war schon sehr bald vom Charme der Menschen eingenommen – so erging es auch mir. Zwar war

Auf den Märkten – wie hier in Hsipaw – gibt es eine große Auswahl an Obst und Gemüse

klar, dass Militärangehörige am Tourismus kräftig verdienten, doch das taten auch die vielen kleinen Leute – die Souvenirverkäuferin aus Mandalay ebenso wie der Kutschenfahrer in Bagan oder die Restaurantbesitzerin auf dem Inle-See. Sie und ihre Familien waren auf Touristen angewiesen. Manche Besucher gründeten sogar Hilfsprojekte, um dem verarmten Land zu helfen. In vielen Gesprächen wurde mir deutlich: Die Menschen wollen den Austausch mit Besuchern aus aller Welt, sie wollen nicht mit ihren Diktatoren alleingelassen werden.

Mit den Wahlen im Jahr 2010 und dem anschließenden Demokratisierungsprozess hat in Myanmar eine neue Ära begonnen. Was vorher unerschwinglich war, können sich heute immer mehr Menschen leisten – vom schicken Smartphone über Fernseher bis zum neuen Auto.

Sicherlich wird vieles verloren gehen, traditionelle Handwerkskünste ebenso wie rustikale Holzhütten oder altertümliche Gefährte. Das mag jene enttäuschen, die in Myanmar noch das ursprüngliche Asien suchen und den Bauer lieber hinter dem Holzpflug als auf dem Traktor fotografieren. Auch nehmen die entwicklungsbedingten Probleme rapide zu, was vor allem an den vollen Straßen in den Städten und dem allseits präsenten Müll sichtbar wird. Doch es wird auch viel Neues entstehen, die Kreativität der Birmanen ist legendär. Freuen Sie sich auf ein spannendes Reiseziel, genießen Sie mit all Ihren Sinnen seine vielen Facetten und lassen Sie sich anstecken von der Liebenswürdigkeit der Menschen.

Viele Dörfer am Inle-See sind nur per Boot zu erreichen

WAS STECKT DAHINTER?

Die kleinen Geheimnisse sind oftmals die spannendsten. Hier werden die Geschichten hinter den Kulissen erzählt.

WARUM VERHAUEN BIRMANEN DAS GELD?

Es ist ein beliebtes morgendliches Ritual und auf Märkten und an Souvenirständen häufig zu beobachten: Mit dem ersten am Tag verdienten Geldschein klopfen die Verkäuferinnen auf all Ihre Waren. Dieses *lucky money*, glücksbringende Geld, soll die guten Geister anlocken und den Handel ankurbeln. Ist Buddha für eine gute Wiedergeburt und die Moral zuständig, sorgen Geister und Götter für Gesundheit und gute Geschäfte. Und wenn das Geldklopfen nicht weiterhilft, wird der nächste Nat-Schrein aufgesucht.

WAS IST DENN CHEROOT?

Mit dem birmanischen Mädchen, das eine *Cheroot* raucht, »first a-smokin' of a whackin' white cheroot«, hat Rudyard Kipling in seinem 1890 veröffentlichten Gedicht »On the Road to Mandalay« der birmanischen Zigarre ein literarisches Denkmal gesetzt. Auch heute noch sind die markanten grünen Cheroots überall präsent. Der englische Begriff leitet sich von dem tamilischen Wort für ›rollen‹, ›curuttu‹, ab. Beim Drehen wird Tabak mit Duftholz gemischt und in ein getrocknetes Blatt des Thanaphet-Baumes *(Cordia dichotoma)* gewickelt. Dieser Baum gedeiht vor allem im südlichen Shan-Staat.

WARUM HABEN VIELE BIRMANEN DUNKLE ZÄHNE?

Das kommt vom Kauen der Betelnuss, bei dem sich im Mund ein blutroter Saft bildet, der die Lippen dunkel, die Zähne schwarz und die Straßen rostrot färbt. Die Betelnuss ist Volksdroge Nummer eins, fast die Hälfte der Einwohner soll ihrem Genuss verfallen sein. Die pflaumengroße Nuss der Arekapalme wird zerkleinert und zusammen mit gelöschtem Kalk auf den grünen Blättern des Betelpfeffers verteilt. Je nach Wunsch werden Anis oder Tabak beigefügt. Der Saft enthält stimulierende Substanzen.

WARUM BEMALEN BIRMANINNEN IHR GESICHT?

Zuweilen sieht es aus wie Kriegsbemalung, denn die weiße Paste wird gern in dekorativen Mustern aufgetragen. Sie stammt vom Thanaka-Baum *(Hesperethusa crenulata)*, der vor allem in der Trockenzone angebaut wird und über eine weiche Rinde verfügt. Diese wird auf einem mit Wasser benetzten Stein zu einer hellen Paste verrieben, welche aufs Gesicht und manchmal auf die Arme aufgetragen wird. Warum das Ganze? Die Paste verhindert das Austrocknen der Haut und schützt vor den Sonnenstrahlen. Denn in Myanmar gilt es für Frauen als Schönheitsideal, eine helle Haut zu haben.

50 DINGE, DIE SIE ...

Hier wird entdeckt, probiert, gestaunt, Urlaubserinnerungen werden gesammelt und Fettnäpfe clever umgangen. Diese Tipps machen Lust auf mehr und lassen Sie die ganz typischen Seiten erleben. Viel Spaß dabei!

... ERLEBEN SOLLTEN

1 Indawgyi-See Unternehmen Sie mit den »Freunden des Sees«, Inn Chit Thu C3, eine Kajaktour auf Myanmars größtem See › S. 131 samt Besuch der Fischerdörfer (Indawgyi Mahar Guesthouse, Lone Ton, Mobil 09/451511823).

2 Vogelparadies Mit 300 Vogelarten ist der Natmataung-Nationalpark ein Dorado für Naturfreunde. Der Anbieter SST Tours weiß, wo die Vögel vor die Linse fliegen (North Wing Of Aung San Stadium, Yangon, Tel. 01/255536, www.sstmyanmar.com).

An Thingyan vom Wasserguss erwischt

3 Treppenmarsch Der Charme Mawlamyines › S. 79 eröffnet sich besonders beim Aufstieg zum Pagodenhügel über den überdachten Treppenzugang vom Stadtzentrum aus. Dazu startet man an der Strand Road und folgt der Kyaik Thanlan Pagoda Road gen Osten.

4 Wasserschlacht Wenn Sie Mitte April in Myanmar reisen, sollten sie das Neujahrsfest Thingyan in Mandalay › S. 102 mitfeiern. Auch Fremde bleiben dabei nicht von plötzlichen Wassergüssen verschont. Unabdingbares Untensil: eine Wasserpistole.

5 Elefanten baden Im Green Hill Valley Elephant Camp D6 bei Kalaw können Sie Dickhäutern näher kommen und ihnen im Fluß den Rücken schrubben. Bei den Tieren handelt es sich um »pensionierte« Arbeitselefanten (Büro: Kyaung St. 17, Ahlone Township, Yangon, Tel. 01/2316492, www.ghvelephant.com).

6 Mopedtour Strand und Meer gehören Ausflüglern in Sinma › S. 138 noch ganz alleine. Ab dem Shwe Hin Tha Hotel B8 in Ngwe Saung Beach geht es mit dem Moped zu dem paradiesischen Fleckchen (Pathein, Tel. 042/40340).

Buddhafiguren werden mit Blumen geschmückt und mit Wasser übergossen

7 Planetenandacht Wenn Sie wissen, an welchem Wochentag Sie geboren wurden, können Sie an der Shwedagon-Pagode in Yangon die entsprechende Planetenandachtsstelle › S. 63 aufsuchen, Blumen spenden und den Buddha mit Wasser übergießen.

8 Radtour Mit dem Veranstalter Grasshopper Adventures C5 radeln Sie von Bagan nach Sale durch urige Dörfer und kommen den Menschen sehr nahe (Hin Si St./3rd St., Neu-Bagan, Mobil 09/257546905, www.grasshopperadventures.com).

9 Kochen bei Kyaw Das Restaurant Kyaw Kitchen C6 in Neu-Bagan weist interessierte Gäste in seinem Innenhof unterm Niembaum in die Kunst birmanischen Kochens ein. Die fertigen Curries und Salate dürfen Sie natürlich kosten (4th St., Neu-Bagan, Mobil 09/259754811).

10 Panoramaspaziergang Von den Pindaya-Höhlen › S. 114 führt ein überdachter Weg seitlich des Hangs zum 1775 gegründeten Elefantenkopf-Kloster, Hsin Khaung Kyaung. Dabei eröffnen sich tolle Ausblicke in die Ebene.

11 Leben am Fluss Bei einer Bootstour durch die Kanäle von Pathein › S. 137 lohnt ein Besuch der geschäftigen Dörfer der Kayin-Minderheit (Bootstouren organisiert Mr. Soe Moe Aung, Mobil 09/250322368, pathein.touristinformation@gmail.com).

12 Wohnen bei den Pa-O Die Volksgruppe lebt u. a. in den Bergen östlich des Inle-Sees › S. 116. Dort können Sie nicht nur in ihren Dörfern nächtigen, sondern bei Wanderungen und Begegnungen viel über ihr Leben lernen (Kontakt: CITPAR, 89 Phaung Daw Pyan Rd., Nyaung Shwe, Tel. 081/209808, www.cit-paoregion.com).

... PROBIEREN SOLLTEN

13 Köstliche Nascherei Muslimische Einwanderer haben *halawa,* eine auf Sesam basierende Süßigkeit, ins Land gebracht. Die beste *halawa* finden Sie in den Läden an der Merchant Street › S. 137 in Pathein.

14 Fischpaste aus Sittwe Ihre Nase mag über den Geruch nicht besonders begeistert sein, aber die Fischpaste, *nga pie,* gehört zum birmanischen Curry einfach dazu. Die beste stammt aus Sittwe › S. 141 und gibt's im Supermarkt.

Zwei Frauen der Pa-O mit den typischen bunten Taschen auf einem Markt

15 Königliche Nudelsuppe Die letzte Königsstadt Mandalay ist bekannt für *mishee,* eine gut gewürzte Suppe mit weichen Reisnudeln. Es gibt sie in den Garküchen rund um den Zegyo-Markt › S. 105.

16 Wein aus den Bergen Das von einem Deutschen geführte Weingut von Aythaya D6 zählt zu den Pionieren des edlen Tropfens. Probieren Sie ein Gläschen und genießen Sie den herrlichen Ausblick (www.myanmar-vineyard.com).

17 Grüntee zum Essen *Lephet thoke,* eingelegte Teeblätter, werden in Myanmar gern zusammen mit gerösteten Bohnen und Linsen gegessen. Eine gute Auswahl finden Sie an den Ständen beim Höhleneingang von Pindaya › S. 115.

18 Seafood am Strand Die Küche der Laguna Lodge Ngapali › S. 140 bezieht Hummer von den Fischern des Ortes. Serviert wird der köstliche Schmaus direkt am Strand mit Blick aufs Meer.

19 Mohinga am Morgen Myanmars Leibgericht zum Frühstück: Die Fischsuppe gibt es vor allem an den Straßenständen oder auf den Märkten, u. a. beim Markt im Stadtzentrum von Nyaung U › S. 98.

20 Papayasalat mit Schärfe Vor allem wenn es heiß ist, wirkt der grüne Papayasalat mit Chili sehr erfrischend. Wer Scharfes mag, kann in Kakku › S. 121 an einem der Stände vorbeischauen.

Mishee schmeckt zu jeder Tageszeit

21 Kaffeegenuss Auch in Myanmar kommt Kaffee immer mehr in Mode. Wenn es nachmittags kühler wird, mundet er besonders gut im schlichten Barista-Khine Coffee Shop › S. 125 in Pyin U Lwin.

22 Süße Mangos Die besten Mangos sind in den Monaten Mai bis August rund um Mandalay zu haben, u. a. auf dem Zentralmarkt › S. 105. Fragen Sie nach *Sein Ta Lone,* das ist die beste Mangosorte.

… BESTAUNEN SOLLTEN

23 Yangon-Panorama In Yangon etablieren sich immer mehr schicke Dachterrassenbars. Von der Atlas Rooftop Bar & Lounge haben Sie einen tollen Blick auf die Shwedagon-Pagode (84, Pan Hlaing Rd., Mobil 09/9784151250, tgl. 17–23 Uhr).

Eine klassische Tanzaufführung sollten Sie sich nicht entgehen lassen

24 Königlicher Glanz Im Seindon-Mibaya-Kloster von Mawlamyine › S. 80 lässt sich die Pracht der letzten Monarchie erahnen. Das palastartige Interieur stammt von einer der Königinnen Mindons. Das Kloster liegt auf dem Hügel südlich der Kyaik-Thanlan-Pagode.

25 Traditionelle Tanzkunst Das Mintha Theater C5 bietet auf seiner Bühne allabendlich klassische burmesische Tänze (58th. St. zw. 29th und 30th. St., Mandalay, Mobil 09/458974512, www.minthatheater.com).

26 Elegante Buddhas Das Kloster Nga-Phe-Chaung › S. 118 auf dem Inle-See besitzt eine Sammlung geschnitzter Buddhastatuen im typischen Shan-Stil, hochaufragend, vergoldet und mit eingelegten Spiegelmosaiken. Lassen Sie sich von ihrem sanften Lächeln bezaubern.

27 Flinke Finger Um die tausend *Cheroots*, Zigarren, drehen die Arbeiterinnen der Red Star Cigar Factory › S. 120 in Taunggyi pro Tag. Überzeugen Sie sich selbst von der Fingerfertigkeit.

28 Blühende Landschaften Zwischen Oktober und Dezember zeigt sich der Shan-Staat von seiner schönsten Seite. Auf der Autofahrt von Aung Ban bzw. Heho nach Pindaya › S. 115 können Sie gelb blühende Nigersaat-, weiße Senf- und grüne Ingwerfelder bestaunen.

29 Frisuren aus Stein Im Korridor des Htukkhan-Thein-Tempels › S. 143 in Mrauk U sind 64 Frauenstatuen mit unterschiedlicher Haarpracht dargestellt. Eventuell inspirieren sie zu eigenen Kreationen – wie wäre es mit einem turmartigen Scheitelknoten?

... MIT NACH HAUSE NEHMEN SOLLTEN

30 Kitsch und Kunst Ob als Tuschezeichnung, Aquarell oder Collage – manche Postkarte ist ein wahres Kunstwerk. Eine gute Auswahl finden Sie auf dem Bogyoke-Aung-San-Markt › S. 68 in Yangon.

31 Besteck aus Palmholz Die Shwethalyaung-Pagode › S. 74 ist nicht nur bekannt für den liegenden Buddha, sondern auch für das dort verkaufte Kunsthandwerk. Vor allem die Schnitzarbeiten aus Palmholz sind schöne Mitbringsel.

32 Rattan-Bälle Myanmars Nationalsport, Chinlon, wird in jeder freien Minute gespielt. Zu finden sind die dekorativen Bälle bei der freundlichen Win Family am Thatbyinnyu-Tempel › S. 95 in Bagan.

33 Private Modenschau Die Designerin Sann Bawk Rar mischt für ihr Label SHAYI Tradition mit Moderne. Heraus kommen hübsche tragbare Kleider. Besuchen Sie einen ihrer Shops z. B. in der Junction City (Bogyoke Aung San Rd./Shwedagon Pagoda Rd., Yangon).

34 Natürlicher Sonnenschutz Die weiche Rinde des Thanaka-Baumes dient als Make-up und Sonnenschutz. Ganze Stämme und Äste des Gehölzes verkaufen die Stände an den Zugängen zur Shwezigon-Pagode › S. 91 in Bagan.

35 Marionetten Wenn Sie zu Hause eine Prinzessin zu Gast haben wollen, kaufen Sie die Marionetten dazu bei Aung Nan Handicrafts › S. 53 in Mandalay. Die königlichen Puppen sind in prachtvolle Gewänder gekleidet.

Myanmars berühmte Marionetten

Hier entsteht ein Longyi mit Lotosfasern

36 Blattgold Die Blattgoldschläger des Golden Rose › S. 107 in Mandalay schlagen mit vollem Körpereinsatz stundenlang auf das Gold ein, bis es zur hauchdünnen Schicht wird. Legen Sie in Blattgold an und veredeln Sie zu Hause damit einen Bilderrahmen.

37 Schneeweißer Marmor Wenn Sie wollen, können Sie einen tonnenschweren Buddha bei den Steinmetzen an der Mahamuni-Pagode › S. 107 bestellen. Aber es gibt auch Figuren in handlicheren Formaten.

38 Zarte Stoffe Die Webereien von Inpawkone › S. 118 auf dem Inle-See produzieren nicht nur schöne Seidenstoffe, sondern auch Schals und Tücher gemischt mit Fasern der Lotosblume (ab 15 €).

39 Stofftasche In die roten Umhängetaschen der Pa-O passt zu Hause auch der Einkauf rein. Suchen Sie sich auf dem Mingalar-Markt › S. 116 in Nyaung Shwe eine Tasche aus.

40 Kachin Chique Die Wickelröcke der Kachin sind mittlerweile im ganzen Land beliebt. Verkauft werden sie z. B. im Weberviertel Shwe Nyaung Bin in Myitkyina › S. 131.

… BLEIBEN LASSEN SOLLTEN

41 Berührungen Sei es das Haupt eines Kindes, der Arm einer fremden Frau oder der Hausaltar – mit Berührungen sollten Sie sehr zurückhaltend sein und soziale und religiöse Tabus respektieren.

42 Sich lautstark beschweren So sehr Sie sich im Recht fühlen mögen: Unterlassen Sie lautstarke Proteste bei mangelhaften Serviceleistungen. Damit verlieren Sie nur Ihr Gesicht.

43 Topless am Strand Myanmar mag nicht mehr so prüde sein wie einst, aber sich oben ohne in der Sonne zu aalen, ist nach wie vor verboten. Auch allzu knappe Bikinis und Strings sind keine gute Idee.

44 Korallen kaufen Leider sind Muscheln und Korallen an den Souvenirständen in Strandnähe noch allgegenwärtig. Lassen Sie bitte zum Schutz der Natur die Finger davon.

45 Porträtfotos In Zeiten von Tablets, Smartphones und Digitalkameras fotografieren auch die Birmanen, was das Zeug hält. Trotzdem: Fragen Sie – vor allem bei den Minderheiten – bei Porträts immer um Erlaubnis.

46 Strandoutfit Bei einem Pagodenbesuch sollten Sie keine kurzen Hosen, Miniröcke, Hotpants oder ärmellose T-Shirts tragen.

47 Drogen probieren Der Shan-Staat zählt zu den Hauptanbaugebieten für Opium. Das mag den einen oder anderen zum Ausprobieren verleiten, wird aber mit hohen Haftstrafen geahndet.

48 Zusammen essen, einzeln bezahlen In Myanmar zahlt in Lokalen und Restaurants immer einer für alle. Wenn in größeren Gruppen nicht einer die Rechnung für alle übernehmen möchte, können Sie die Einzelposten ja im Nachhinein auseinanderdividieren.

49 Schuhe anlassen Egal ob Sie in ein Privathaus oder eine Pagode eintreten, die Schuhe müssen immer draußen bleiben.

50 Küsschen geben So sehr Sie Ihren Partner oder Ihre Partnerin lieben, seien Sie mit Liebesbekundungen in der Öffentlichkeit zurückhaltend.

Vor den Eingängen heiliger Stätten sammeln sich die Schuhe, denn Pagoden werden barfuß betreten – Flip Flops lassen sich schnell aus- und wieder anziehen

Ngapali Beach, einer der schönsten Strände Myanmars

REISEPLANUNG & ADRESSEN

DIE REISEREGION IM ÜBERBLICK

»Das Land umfängt seine Freunde mit einer Art von Zauber, den sie nicht durchbrechen können, selbst wenn sie es wollten«, schrieb der amerikanische Historiker John F. Cady einst über Myanmar.

Und in der Tat zieht das Land seine Gäste auf ganz besondere Weise in seinen Bann, sei es beim Besuch der weltberühmten Shwedagon-Pagode oder der alten Rakhine-Metropole Mrauk U, bei einer Fahrt in der Kutsche durch die Tempelwelt von Bagan oder bei einer Bootsfahrt auf dem Inle-See. Was vielerorts in Asien verschwunden ist, gehört hier noch zum ganz normalen Alltagsbild: die Ochsenkarren am Straßenrand und die Pferdedroschken in den Provinzstädten, Cheroot rauchende Frauen und Longyi tragende Männer. Praktisch jeder Tourist landet in **Yangon**, der multikulturellen 5-Millionen-Metropole mit viel kolonialem Flair und attraktiven Sakralbauten. Die Stadt ist ein guter Ausgangspunkt für mehrtägige Ausflüge, etwa nach Osten nach Bago, zum Kyaik-htiyo (Goldenen Felsen) und weiter nach Mawlamyine. Der schmale **Süden** zieht sich zwischen der

Die Mingun-Pagode bei Mandalay, eine gewaltige Bauruine

Andamanensee und dem Tanintharyi-Gebirge entlang der Grenze zu Thailand. Dort liegen die bedeutenden Hafenstädte Dawei, Myeik und Kawthoung sowie der große Myeik-Archipel mit seinen mehr als 800 Inseln.

In **Zentral-Myanmar** liegen die bedeutendsten kulturellen Zentren des Landes, allen voran das wunderbare Bagan, das mit seinen 2000 Tempelruinen zum Höhepunkt einer jeden Myanmar-Reise zählt, und die Millionenmetropole Mandalay. Einige sympathische, wenn auch wenig spektakuläre Städte reihen sich entlang des Ayeyarwady: Pakokku, Magwe und Pyay.

Schwimmende Gärten auf dem Inle-See

Shan-, Kayah- und Kachin-Staat bilden mit ihren vielen Minderheiten und isolierten Bergregionen eine Welt für sich. Derzeit sind nur Teilgebiete für Touristen bereisbar. Zu den landschaftlichen Highlights zählt im südlichen Teil des Shan-Staates fraglos der Inle-See mit seinen Schwimmenden Gärten, Einbeinruderern und Märkten. Weitere interessante Orte sind der koloniale Luftkurort Kalaw, das reizvoll gelegene Pindaya und die lebendige Handelsstadt Taunggyi. Kyaing Tong im tiefen Osten ist Ausgangspunkt für Tageswanderungen zu Dörfern ethnischer Minderheiten. Von der einstigen britischen Sommerresidenz Pyin U Lwin empfiehlt sich eine Bahnfahrt in die alte Fürstenstadt Hsipaw. Loikaw im Kayah-Staat ist ein guter Ausgangspunkt für Ausflüge zu den Minderheiten. Der Kachin-Staat im Norden gehört den Entdeckern: Während Myitkyina zum Manao-Fest im Januar Zigtausende Besucher anlockt, eignet sich das nur über den Luftweg erreichbare Putao als Ausgangspunkt für Trekkingtouren in die südlichen Ausläufer des Himalaya.

Das riesige **Ayeyarwady-Delta,** als Reiskammer Myanmars für die Landwirtschaft enorm wichtig, wird von den meisten Touristen links liegen gelassen. Ausnahmen sind die Deltastadt Pathein und die Strände von Chaungtha und Ngwe Saung am Golf von Bengalen. Entlang der **Westküste** zieht sich die Provinz Rakhine mit einer ganz eigenen Vergangenheit. Dort lockt mit Ngapali nicht nur einer der schönsten Strände des Landes, sondern weiter nördlich das alte politische Herz, Mrauk U, mit zahlreichen Tempelruinen. Noch etwas weiter erstreckt sich entlang der indischen Grenze der für Touristen größtenteils verschlossene Chin-Staat.

KLIMA & REISEZEIT

Ganz Myanmar liegt im Einzugsbereich der Monsune, was dem Land drei Jahreszeiten beschert: eine kühle, eine heiße und eine Regenzeit.

Die Temperaturen fallen aber aufgrund der erheblichen Höhenunterschiede und der großen Nord-Süd-Ausdehnung sehr unterschiedlich aus: Im tropischen Südzipfel ganzjährig gleichbleibend schwül-warm, sind sie im subtropischen Norden starken jahres- wie tageszeitlichen Schwankungen unterworfen. Beste Reisezeit ist der **Winter** von Oktober bis Februar, wenn der größte Teil des Landes trocken, mit angenehm warmen Tagen um 30 °C und kühlen Nächten gesegnet ist. In Mandalay und Bagan kann es nachts recht frisch werden und in den Höhenlagen des Shan-Staates nähern sich die Temperaturen dem Gefrierpunkt. Auf vielen Berggipfeln im hohen Norden liegt dann Schnee.

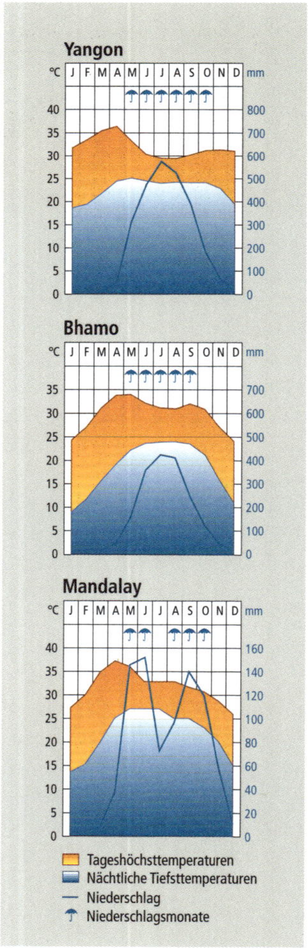

In der **heißen Jahreszeit** von März bis Anfang Mai klettert das Thermometer bei zunehmender Schwüle mancherorts auf stattliche 45 °C. Zwar bescheren die ab Mai einsetzenden und bis Oktober regelmäßig niedergehenden **Monsunregen** Abkühlung, doch bringen die zeitweise von schweren Winden begleiteten, heftigen Niederschläge das Meer in Aufruhr und das morbide Verkehrswesen zum Kollabieren. Die Regenmengen variieren erheblich und reichen von weniger als 1000 mm pro Jahr in Zentral-Myanmar bis über 5000 mm entlang der Küste. Fazit: Die beste Reisezeit sind die Monate Oktober bis Anfang April, für Badeurlaub an der Westküste bis Anfang Mai.

Mitte April feiern die Birmanen ausgiebig **Thingyan,** ihr Neujahrsfest. Dann schließen sie Geschäfte, Büros und Ämter für eine Woche. Viele zieht es dann nach Ngapali, Chaungtha und Ngwe Saung. In dieser Zeit müssen Sie daher mit ausgebuchten Quartieren, Flügen und Zügen rechnen.

ANREISE

Über die Metropolen Südostasiens ist Myanmar per Flugzeug gut erreichbar. Attraktive Verbindungen bestehen auch zu den Golfstaaten. Doch auch die Landeinreise über Thailand ist möglich.

Die Strecke Bangkok–Yangon wird von mehreren Fluglinien bedient, darunter Myanmar Airways International, MAI (www.maiair.com; 1–2 × tgl.), Thai Airways (www.thaiair.de; 2–3 × tgl.), Bangkok Airways (www.bangkokair.com; 2 × tgl.) und die Billigfluglinie Air Asia (www.airasia.com; 2–3 × tgl.). Es gibt zudem mit Air Asia, Bangkok Airways und Thai Airways tägliche Flugverbindungen zwischen Bangkok und Mandalay bzw. der Hauptstadt Nay Pyi Taw. Auch die nordthailändische Metropole Chiang Mai wird mehrmals wöchentlich mit Yangon verbunden. Aus Singapur und Kuala Lumpur bestehen tgl. Verbindungen mit Silk Air (www.silkair.com), einer Tochtergesellschaft von Singapore Airlines, Myanmar Airways International und Malaysia Airlines (www.malaysiaairlines.com). Qatar Airways (www.qatarairways.com, 1 × tgl.) mit Zwischenstopp in Doha, sowie die Fluglinie Emirates (www.emirates.com, 1 × tgl.) mit Zwischenstopp in Dubai sind weitere Flugoptionen zwischen Europa und Yangon. Eine Einreise auf dem

NAMENSCHAOS

1989 beschloss die Regierung, die Landkarten des Landes zu entkolonialisieren. Hier eine Liste der wichtigsten Änderungen:

Neu	Alt
Ayeyarwady	Irrawaddy (Fluss)
Bagan	Pagan
Bago	Pegu
Kayah	Karenni (Staat und Volksstamm)
Kayin	Karen (Staat und Volksstamm)
Kyaikkhami	Amherst
Mawlamyine	Moulmein
Myanmar	Birma, Burma
Myeik	Mergui
Pathein	Bassein
Pyay	Prome
Pyin U Lwin	May Myo
Rakhine	Arakan (Staat und Volksstamm)
Sittwe	Akyab
Tanintharyi	Tenasserim (Provinz und Gebirge)
Thandwe	Sandoway
Thanlwin	Salween (Fluss)
Yangon	Rangoon

Landweg ist aus China über den Grenzübergang Muse möglich. Aus Thailand kann man über Mae Sai/Tachilek im Shan-Staat, Myawaddy/Mae Sot im Kayin-Staat sowie Htee Kee/Phunaron und Ranong/Kawthoung in der Tanintharyi-Region einreisen. Nach Indien gibt es zwei Übergänge: Moreh/Tamu in der Sagaing-Region und Zowkhawtar/Rihkhawdar im Chin-Staat.

REISEN IM LAND

MIT DEM FLUGZEUG

Mehrere private Fluggesellschaften bedienen das Inlandsstreckennetz, darunter Air KBZ (www.airkbz.com) mit dem größten Flugangebot und Kooperationen mit MAI, sowie Golden Myanmar Airlines (www.gmairlines.com), Mann Yadanarpon Airlines (www.airmyp.com) und Yangon Airways (www.yangonair.com). Sie alle fliegen nach bedarfsorientierten Plänen die touristisch relevanten Destinationen des Landes an. In der Hochsaison zwischen Dezember und Februar ist frühes Buchen ratsam, etwa über Geoplan (www.geoplan-reisen.de) oder lokale Reiseveranstalter. Die staatliche Inlandsfluglinie Myanmar National Airlines (www.flymna.com) mit zunehmend guten Maschinen ist für weniger touristische Ziele relevant, aber bezüglich der Abflugzeiten nicht immer zuverlässig.

MIT DER EISENBAHN

Die Züge sind so antiquiert wie die Trassen, und die Fahrpläne eher als Hoffnungsmanifeste zu verstehen, Bahnhöfe museal. Auf der Standardstrecke Mandalay–Yangon können Sie theoretisch in einem Schlafwagen 1. Klasse reisen, praktisch aber ist dieser meist auf Wochen ausgebucht und nicht unbedingt erstklassig. Die sanitären Anlagen in den Zügen sind übel. Ist deshalb von einer Zugfahrt abzuraten? Im Gegenteil. Die Bahnen passen zu diesem Land wie die Pagoden auf den Hügelketten. Buchen Sie zur Sicherheit mindestens einen Tag im Voraus, nehmen Sie den Expresszug und fahren Sie generell Upper Class. Auf leicht klapprigen, aber verstellbaren Sitzen schaukeln Sie dann gemächlich durch das Land. Besonders schön ist die Strecke von Mandalay nach Lashio im Shan-Staat.

MIT BUS UND MIETAUTO

Busfahrten lohnen nur auf den Hauptstrecken. Auf einigen Routen verkehren moderne Fahrzeuge, dort ist der Bus wesentlich schneller als die Bahn. Sehr viele Straßen sind noch in miserablem Zustand, doch verbessert sich die Lage zusehends. Selbstfahren ist nicht erlaubt, Mietfahrzeuge verstehen sich daher einschließlich Fahrer; inkl. Sprit ist mit mindestens 60 US-$ pro Tag ist zu rechnen.

Bei einer Zugfahrt lernt man Land und Leute kennen

ÖFFENTLICHER NAHVERKEHR

Auf dem Land bestreiten die etwas übertrieben *sidecar* getauften zweisitzigen Fahrradrikschas den Nahverkehr, zuweilen sogar noch Pferdekutschen. Taxen frequentieren vor allem die Straßen von Yangon. Zunehmend sind Tuk Tuks indischer Bauart zu finden, zum Beispiel in Bagan und Mandalay. Bei allen Varianten müssen Sie den Fahrpreis vorher aushandeln. Im Mittelstreckenverkehr sind Vans oder Pick-ups, nicht selten auch umgebaute Trucks unterwegs – sie sind gern überfüllt, nicht besonders fahrtauglich und halten auf Handzeichen. Aber die Qualität verbessert sich zusehends.

REISEBESCHRÄNKUNGEN

Viele Landesteile sind gesperrt *(off limits)* oder können nur mit Erlaubnis *(permit)* besucht werden. Oft muss man dafür über einen lokalen Veranstalter buchen. Die Gründe sind unterschiedlich: Während in manchen Gebieten die Sicherheitslage äußerst angespannt ist, etwa entlang der thailändisch-myanmarischen Grenze oder in Teilen des östlichen und nördlichen Shan-Staates, befindet sich vielerorts die Infrastruktur in katastrophalem Zustand oder ist schlicht nicht vorhanden. Das ist in weiten Teilen der Sagaing-Region, im Kachin- und im Chin-Staat der Fall. Manche Orte sind für Touristen nur per Flugzeug zu erreichen, etwa Putao im hohen Norden oder Kyaing Tong im östlichen Shan-Staat (bei der Anreise aus Zentral-Myanmar). Falls Sie spezielle Reisepläne haben, sollten Sie sich früh bei einer Agentur erkundigen › **S. 70**, denn die Ausstellung der *permits* dauert mindestens vier Wochen.

AUF MYANMARS WASSERSTRASSEN

Logenplatz – die herrliche Landschaft um Bhamo gleitet vorbei

Einst war in Myanmar die größte private Flotte der Welt zu Hause, die 1865 gegründete Irrawaddy Flottilla Company. Noch heute sind die auf über 8000 km befahrbaren Flüsse für den Transport von Waren und Menschen nicht wegzudenken. Ob deluxe, nostalgisch oder einfach: Eine Bootstour ist hier ein unvergessliches Erlebnis.

INLAND WATER TRANSPORT

Mit ihren fast 500 Booten bedient die staatliche Schifffahrtsgesellschaft alle wichtigen Wasserwege. Erfahrene Kapitäne und erfinderische Maschinisten tun ihr Bestes, um den Betrieb der meist altersschwachen Fähren aufrechtzuerhalten. Einige neuere Exemplare chinesischer Bauart frequentieren die Hauptrouten. Die IWT-Fähren bieten wenig Komfort, dafür eine wunderbare Gelegenheit, mit Einheimischen in Kontakt zu kommen. Buchen Sie frühzeitig eine der wenigen, leider überteuerten und oft schmuddeligen Kabinen auf dem Oberdeck in einem der lokalen IWT-Büros.

- **Inland Water Transport (IWT)**
  Yangon 50: Pansodan St.
  Tel. 01/381912, 381910
  Mandalay: Gawein Jetty, 35th St.,
  Tel. 02/219582.
  Weitere Büros in jeder von IWT-Fähren frequentierten Stadt.

AUF DEM AYEYARWADY

Der 2170 km lange Strom ist einer der wichtigsten Wasserwege des Landes und seit Rudyard Kiplings Gedicht »Road to Mandalay« weltberühmt. Neben den IWT-Fähren verkehren mehrere Kreuzfahrtschiffe. Besonders beliebt ist die Fahrt zwischen Bagan und Mandalay, obwohl die Strecke eher eintönig ist. Daher werden die Touren auf zwei bis vier Tage mit diversen Ausflugsstopps ausgedehnt. Die luxuriöse »Road to Mandalay« bietet viel Komfort inklusive Pool. Stilvolle Nachbauten der alten Irrawaddy-Fähren und rustikale Flussschiffe sind in zunehmender Zahl im Einsatz. Dazu zählen die Schiffe von Paukan und Amara. Für Traveller sind die Shwe Keinnery und Mallikha eine gute Wahl, deren Fähren in der Saison täglich zwischen Mandalay und Bagan verkehren (mind. 10 Std.). Tickets bucht man über die Unterkünfte oder Reisebüros.

Ein echtes Erlebnis ist die Fahrt von Myitkyina über Bhamo nach Mandalay – durch schroffe Schluchten, vorbei an rauschenden Wäldern und lauschigen Orten. Mit kleineren Booten geht es zunächst nach Bhamo (Übernachtung in Simbo) und dann mit IWT-Fähren nach Mandalay (je nach Wasserstand ca. 3 Tage).

- **Belmond Road to Mandalay,**
  Spiesergasse 12–16 | 50670 Köln
  Tel. 0800/183 07 81
  www.belmond.com
- **Sanctuary Ananda**
  Swindon Village | Großbritannien
  Tel. +44/1242/54 66 09
  www.sanctuaryretreats.com
- **RV Paukan 2007, 2012 & 2015**
  The Irrawaddy Explorer,
  Ayravata Cruises
  25 38th St. | Yangon
  Tel. 01/38 08 77
  www.ayravatacruises.com
- **Amara, Myanmar-Discovery Reise**
  6 Tayza Rd. | Yangon
  Tel. 01/721869
  www.amaragroup.net
- **The Strand Cruise**
  The Strand Hotel, 92 Strand Rd.
  Yangon | Mobil 09/5095272
  www.thestrandcruise.com

DURCH DAS AYEYARWADY-DELTA

Aufgrund der verbesserten Straßenverhältnisse fahren die betagten IWT-Fähren immer seltener durch das Delta. Für genauere Abfahrtszeiten kontaktiert man das IWT-Büro in Yangon › S. 28. Wer kleinere Kanalfahrten bevorzugt, kann im Rahmen eines Tagesausflugs von Yangon nach Pyapon fahren. Infos:

- **Thiri Than Than Aye**
  Mobil 09/5079614
  thiritouristguide@gmail.com
- **Ei Thu Htut**
  Mobil 09/5139961
  eithuhtut@gmail.com

AUF DEM KALADAN

Auch wenn immer mehr Touristen mit dem Auto nach Mrauk U reisen, bleibt die Bootsfahrt auf dem Kaladan die schönste Variante. Einen halben Tag benötigen die in Sittwe startenden Fähren und Privatboote (Buchung am Pier). Da bleibt genug Zeit, die vorbeiziehende Flusslandschaft entspannt zu genießen.

SPORT & AKTIVITÄTEN

Vom Tauchen bis Alpinsport ist vieles möglich, allein es fehlt meist an der entsprechenden Infrastruktur. Auf Outdoor-Enthusiasten warten indessen attraktive Wanderrouten und abwechslungsreiche Fahrradtouren.

CHINLON

Dieses Ballspiel ist der populärste Sport in Myanmar. Zwei Teams treiben sich einen Rattanball ohne Handberührung über ein Netz zu oder spielen zusammen im Kreis. Ehe Sie sich versehen, sind Sie mit von der Partie.

FAHRRADFAHREN

In den Touristenorten wie Bagan, Mandalay und Nyaung Shwe ist über die Unterkünfte ein Fahrrad leicht zu organisieren, allerdings oft schlecht gewartet. Schöne Touren bieten sich durch das Ruinenfeld von Bagan an oder rund um den Inle-See. Einige lokale Veranstalter offerieren auch geführte Ausflüge, darunter Grasshopper Adventures (www.grasshopperadventures.com) ins Umland von Mandalay. Planen Sie mehrtägige Fahrten durch Myanmar, sollten Sie ihr eigenes Gefährt samt Ersatzteilen mitbringen.

WASSERSPORT

Die Strände von Ngapali, Chaungtha und Ngwe Saung bieten sich für Wassersport an. In einigen Hotels können Sie dort Boote und Surfbretter ausleihen. Ihre Schnorchelausrüstung bringen Sie besser selbst mit. Von Kawthoung und Myeik an der Südspitze Myanmars starten Tauchfahrten zum Myeik-Archipel > S. 83. Aufgrund der Nähe der Inselwelt zu Thailand bieten auch Tauchschulen aus Phuket mehrtägige Fahrten durch die Inselwelt an.

WANDERN

Bergwanderer finden reizvolle Möglichkeiten. Das Militär ziert sich zwar noch, manche Regionen generell für Ausländer zu öffnen, organisierte Exkursionen sind jedoch möglich. Das gilt vor allem für längere Trekkingtouren in die Berge des Kachin-Staates und im Chin-Staat. Etabliert sind Wanderungen

HERRLICHE STRÄNDE

- **Setse** wartet noch darauf, entdeckt zu werden. > S. 81
- **Maungmagan,** ein nicht enden wollendes Band von Palmen und Sand, ist ebenfalls noch unentdeckt. > S. 81
- **Chaungtha** ist mit günstigen Unterkünften und guten Seafood-Lokalen der Favorit der Einheimischen. > S. 137
- **Ngwe Saung** zählt zu Myanmars schönsten Stränden. > S. 138
- **Ngapali** am Golf von Bengalen ist am bekanntesten und hat eine Reihe schöner Resorts. > S. 140

rund um den Mount Victoria und im Shan-Staat. Letzterer lässt sich etwa bei Trekkingtouren zwischen Kalaw und Pindaya bzw. dem Inle-See sowie rund um Hsipaw und Kyaing Tong erkunden.

MEDITATIONSKURSE

International bekannte buddhistische Lehrer machen Myanmar zu einer der ersten Adressen für Meditationsinteressenten. Die meist englischsprachigen Kurse dauern mindestens zehn Tage und erfordern eine enorme Disziplin. Für Anfänger sind sie daher nicht geeignet. Bei längeren Aufenthalten kann ein Sondervisum beantragt werden. Nähere Informationen über empfehlenswerte Mediationszentren finden Sie unter www.retreat-infos.de und www.dhamma.org.

UNTERKUNFT

Myanmar steckt vielerorts touristisch noch in den Kinderschuhen, weshalb Service und Fremdsprachenkenntnisse oft mangelhaft sind. Doch mit Freundlichkeit und Geduld kommen Sie aber überall weiter.

HOTELS & GÄSTEHÄUSER

Die Auswahl reicht vom einfachen Hostel bis zum schicken Luxusresort. Alle Unterkünfte bedürfen zur Aufnahme ausländischer Gäste einer Lizenz, doch deren Erteilung steht nicht in ersichtlichem Zusammenhang mit den Ausstattungsmerkmalen. Verglichen mit den Nachbarländern sind die Preise ziemlich überzogen. In der Hochsaison sollte man vor allem in den Touristenzentren frühzeitig reservieren. An manchen Orten wie Ngwe Saung Beach sind die Unterkünfte auf eigene Generatoren angewiesen, weshalb Gäste Annehmlichkeiten wie Klimaanlagen nicht uneingeschränkt nutzen können. Diese Abstriche werden jedoch durch ein Personal wettgemacht, das trotz mancher Unerfahrenheit bestmöglichen Service bietet.

WOHNEN MIT STIL

- Nur wenige Hotels von Bagan bieten einen so schönen Blick wie das **Bagan Thande Hotel.** > S. 97
- In Kalaw hat das **Amara Mountain Resort** den Charme einer kolonialen Residenz. > S. 113
- Die Volkgruppe der Pa-O führt auf dem Inle-See die **Golden Island Cottages 1 und 2.** > S. 119
- Das **Putao Trekking House** ist Startpunkt für Touren zu den Ausläufern des Himalaya. > S. 130
- Das **Palm Beach Resort** ist eine sympathische Strandunterkunft in Ngwe Saung. > S. 139
- Das **Sandoway Resort** am Ngapali Beach ist eine der ersten Adressen des Landes. > S. 140

LADIES VOM SEE

Am Erfolg von Ku Kus Inle Horse Club haben auch die Menschen in der Umgebung Anteil

DIE PFERDEFLÜSTERIN

Mit dem Inle Horse Club verwirklichte Swe Swe Lin, genannt Ku Ku, ihren Kindertraum: mit Tieren zu arbeiten. Das Gestüt liegt bildhübsch auf einem Hügel über der weiten Ebene des Inle-Sees. Seit der Eröffnung des Clubs 2015 kommen jedes Jahr mehr Gäste, um mit dem Pferd auf dem Platz eine Runde zu drehen oder zu einem der nahen Ziele zu reiten. Viele wollen auch zu einer Fotosession auf einem der gepflegten Vierbeiner sitzen. Vor allem Kyar Phyu, der hübsche Schimmel, ist als Model ziemlich gefragt. Deshalb ist Ku Kus Mann Yea Aye stets mit seiner Kamera in der Nähe. Die Resultate sind auf www.facebook.com/InleHorseClub zu sehen.

Zu Ku Kus Gästen gehören viele einheimische Wochenendurlauber, aber zunehmend auch internationale Touristen. Gerade Familien und junge Leute schätzen es, die ländliche Idylle vom Pferderücken aus zu erkunden. Zu den beliebtesten Zielen zählt das Dorf Lwe Kin am Fuße der Shan-Berge.

»Mir ist es wichtig, dass auch die Menschen aus der Umgebung von unserem Inle Horse Club profitieren«, betont Ku Ku. Das ist der örtliche Schreiner ebenso wie der Bauer um die Ecke, von dessen Felder sie das Biogemüse für ihr Panorama-Restaurant bezieht. Vor allem aber profitieren die Kutscher aus dem nahen Myin Sar Khun-Dorf davon, deren Service als Fahrdienst für die Landbewohner immer weniger gebraucht wird. Statt zu verkaufen, können sie ihre Vierbeiner an den Club verleihen. »Mit unserem

Gestüt wollen wir auch die Pferde-Tradition erhalten, die bis in die Zeit der Shan-Fürsten von Nyaung Shwe zurück reicht«, betont Ku Ku. Das ist ihr bereits jetzt gelungen, denn dank der sozialen Medien ist der Inle Horse Club landesweit bekannt.

- **Inle Horse Club**
  Kantaw Village, Nyaung Shwe,
  Tel. 09/778305677
  www.inlehorseclub.com
- **Ausreiten**
  zur Winzerei Red Mountain Estate
  Taung Chay Village, Nyaung Shwe,
  Tel. 081/209366
  www.redmountain-estate.com
- **Cultural Museum im ehemaligen Shan-Palast und die alten Pagoden von Nyaung Shwe** > S. 116
  Ku Ku empfiehlt natürlich eine Besichtigung mit der Pferdekutsche.

DIE RASTLOSE

Yin Myo Sus jüngstes »Baby« sind futuristische Bambusgebäude, die sich gut 5 km südlich von Nyaung Shwe an der Straße nach Maing Thauk verteilen. Sie gehören zur Inle Heritage Private School, welche Yin Myo Su 2017 für die Kinder der Umgebung etabliert hat. »Ich möchte, dass die Kinder über Nachhaltigkeit nachdenken, angefangen vom Gebäude bis zu allem drum herum.« Nachhaltigkeit ist so etwas wie das Lebensmotto dieser rastlosen Frau. Aufgewachsen am Inle-See, formte die Tochter eines prominenten Hoteliers aus einem Luxusresort die Inle Princess Group mit drei Resorts und einer Hotelfachschule mitten auf dem See. »Der Inle-See ist meine Heimat, ein wunderschöner, aber sehr fragiler Ort «, meint Misuu, wie sie liebevoll von ihren Freunden genannt wird. Überdüngung und Abwässer haben dem See ziemlich zugesetzt. Doch Misuu will nicht warten, bis die Regierung oder internationale Organisationen etwas dagegen tun. »Wir haben nur ein Leben zu leben«, sagt sie bestimmt und packt zu. So etablierte sie bereits 2009 das Inle Heritage House, um dort vom Aussterben bedrohte Fische aus dem See zu züchten. Und auch die seltene Burma-Katze, eine ebenfalls gefährdete Art, fand dort eine Heimat. Vor allem aber dient der Ort als Hotelfachschule für Jugendliche aus benachteiligten Familien, denn der Tourismus ist für viele Seebewohner eine wichtige Einnahmequelle. Umweltschutz und soziale Fragen gehören dort selbstverständlich zum Curriculum. »Unternehmen müssen erkennen, dass sie sich nicht von den Kulturen und Gemeinschaften um sie herum sowie deren langfristigen Problemen abtrennen können«, ist sie überzeugt. Verantwortung übernehmen – auch das gehört zum Lebensmotto von Misuu. Die Bambusschule wird daher sicherlich nicht ihr letztes Projekt sein.

- **Nachhaltig und komfortabel wohnen**
  Inle Princess Resort am Inle-See
  www.inle-princess.com, > S. 119 oder
  Mrauk Oo Princess Resort in Mrauk U
  www.mraukuprincess.com, > S. 143
- **Shan-Spezialitäten essen**
  A Little Tree House
  Kann Daw Village, Nyaung Shwe
  Tel. 09/2003993
  www.alittleecolodge.com

Kinder werden in Klöstern in der buddhistischen Lehre unterwiesen

LAND & LEUTE

STECKBRIEF

- **Einwohner:** 51,5 Mio.
- **Stadt-/Landbevölkerung:** 30 % / 70 %
- **Bevölkerungswachstum/Jahr:** 0,9 %
- **Lebenserwartung:** Frauen 70, Männer 64 Jahre
- **Analphabetenrate:** Frauen 13 %, Männer 7 %
- **Fläche:** 676 577 km²
- **Hauptstadt:** Nay Pyi Taw
- **Amtssprache:** Birmanisch
- **Landesvorwahl:** 0095

- **Währung:** Kyat
- **Zeitzone:** MEZ +5‡ Std. (MESZ +4‡ Std.)

LAGE

Die »Republik der Union Myanmar« ist fast doppelt so groß wie Deutschland und erstreckt sich über 2050 km von Nord nach Süd (28°–10° nördlicher Breite) sowie über 935 km von Ost nach West (101°–92° östlicher Länge). Von Norden ausgehend im Uhrzeigersinn grenzt Myanmar an China, Laos, Thailand, auf über 2200 km außerdem an die Andamanensee und den Golf von Bengalen. Im Nordwesten verläuft die Grenze zu Bangladesh und zum überwiegenden Teil zu Indien.

POLITIK & VERWALTUNG

Seit den Wahlen im November 2010 beginnen sich in Myanmar langsam demokratische Strukturen zu bilden. Gemäß der Verfassung von 2008 besteht die politische Vertretung neben 14 Regionalparlamenten aus einer Nationalitätenkammer und einem Abgeordnetenhaus. Für das Militär sind ein Viertel aller Sitze reserviert. Angeführt wird die alle fünf Jahre gewählte Regierung von einem Präsidenten.

Das Land ist aufgeteilt in sieben überwiegend von Bamar bewohnte Regionen *(regions)* – Ayeyarwady, Bago, Magwe, Mandalay, Sagaing, Tanintharyi und Yangon – sowie in sieben mehrheitlich von den namensgebenden Minoritäten bewohnte Staaten *(states)* – Chin, Kachin, Kayah, Kayin, Mon, Rakhine und Shan. Innerhalb des Shan-Staates gibt es zudem Selbstverwaltungszonen kleinerer Volksgruppen: der Danu, Kokang, Palaung, Pa-O und Wa. Gleiches gilt für die Naga in der Sagaing-Region. Doch die föderalen Strukturen sind noch schwach. Es mangelt an Geld und Know-How.

WIRTSCHAFT

Die bis 1989 komplett unter staatlicher Kontrolle betriebene Wirtschaft führte zu einem unvorstellbaren Mangel an Konsumgütern.

Nach Einführung einer Marktwirtschaft 1989 steht die Geschäftswelt grundsätzlich jedem offen. Durch Korruption und Vetternwirtschaft fallen die besten Optionen jedoch meist an Militärs oder deren Familien. Die politische Öffnung und das Ende westlicher Sanktionen führen seit 2012 zu einem eindrucksvollen Wirtschaftsboom, vor allem im Bausektor. Ausländische Investitionen nehmen rapide zu.

Naturschätze, darunter Erdgas, Edelsteine, Meeresfrüchte und Teakholz, Agrarprodukte sowie der Tourismus sind die wichtigsten Devisenquellen. Die natürlichen Ressourcen gelten als reich. Auch der Tourismus soll sich zu einem wesentlichen und profitablen Wirtschaftszweig entwickeln. Entwicklung ist nötig, denn mit einem durchschnittlichen Pro-Kopf-Einkommen von rund 1300 US-$ im Jahr zählen die Birmanen zu den ärmsten Völkern Asiens.

SPRACHE & SCHRIFT

Birmanisch gehört zur großen Familie der sino-tibetischen Sprachen, mit denen es folgende Charakteristika gemein hat: Jede Silbe ergibt ein Wort, alle Wörter sind unveränderlich und erhalten ihre Funktion im Satz nur durch die Wortstellung, auf jeder Silbe liegt ein Ton. Das Birmanische verfügt über drei solcher Töne, ohne deren korrekte Aussprache die Silben keinen eindeutigen Sinn erhalten. Das Alphabet besteht aus 32 Konsonanten, sieben Vokalen und einigen Diphthongen, die den Laien wie eine Folge von Kringeln und Kreisen anmuten.

Insgesamt werden für Myanmar 240 verschiedene Sprachen und Dialekte angenommen, wundern Sie sich daher nicht über Verständigungsschwierigkeiten der 135 offiziell genannten Volksgruppen untereinander. Ein häufiges Problem für Ausländer ist die Schreibweise: Im Birmanischen werden alle Wörter ohne Leerzeichen aneinandergereiht. Damit für Ausländer die Silbengrenze erkennbar ist, werden bei Transkriptionen die Wörter daher meist getrennt oder mit Bindestrichen geschrieben. Ein einheitliches Verfahren gibt es aber nicht.

Eine Frau der Ngwe Palaung beim Dreschen von Reis

GESCHICHTE IM ÜBERBLICK

1.–8. Jh. n. Chr. Besiedlung des Landes durch die Pyu am Ayeyarwady und die Mon an der Küste.

9. Jh. Einwanderung von Tai-Gruppen. Etwa zur gleichen Zeit siedeln die ersten Bamar am Oberlauf des Ayeyarwady.

849 Gründung des ersten birmanischen Reiches mit der Hauptstadt Bagan, dessen Blüte 1044 mit der Thronbesteigung von König Anawrahta beginnt.

1057 Die Bamar erobern das Mon-Königreich Thaton und nehmen den Buddhismus von diesen an.

1287 Bagan wird von den Mongolen unter Kublai Khan erobert, das birmanische Großreich zerfällt. Die Mon gründen wieder einen eigenen Staat, zu dessen Hauptstadt 1369 Bago ausgerufen wird.

1364 Inwa wird Hauptstadt eines neuen nordbirmanischen Königreiches.

15./16. Jh. Myanmar ist in verschiedene Königreiche zerfallen: Inwa, Bago, Taungoo, Rakhine.

1519 Die Portugiesen schließen Handelsabkommen mit dem Mon-Reich Bago.

1546 Tabinshwehti wird nach 15-jährigen erfolgreichen Feldzügen in Bago zum König eines wiedervereinten Myanmar.

1581 Beim Tode König Bayinnaungs ist das birmanische Reich auf dem Höhepunkt seiner Macht angelangt und umfasst neben Nord- und Zentral-Myanmar auch die Fürstentümer der Shan und das Lanna-Reich im heutigen Nordthailand.

1600 Nach geschickten Intrigen lässt sich der portugiesische Freibeuter Philip de Brito zum König Nieder-Myanmars ausrufen. 13 Jahre später wird seine Festung gestürmt und Philip gepfählt.

1627 Briten und Holländer gründen Handelsniederlassungen.

1635 Beginn des Niedergangs des birmanischen Reiches unter König Thalun: Er verlegt die Hauptstadt von Bago nach Inwa und leitet mit der Aufgabe der Küstenregion die birmanische Isolierung ein. Im Norden rebellieren die Shan, im Süden gründen die Mon erneut ein eigenes Reich.

1752 Die rebellierenden Mon zerstören Inwa. König Alaungpaya, der Gründer der letzten birmanischen Herrscherdynastie, leitet zwei Jahre darauf mit einer Reihe blutiger Kriege die Wiedervereinigung des Reiches ein.

1757 Yangon wird gegründet.

1767 Die Birmanen zerstören Ayutthaya, die mächtige Hauptstadt ihres Erzfeindes Thailand.

1824–1826 Es kommt zum ersten anglo-birmanischen Krieg, in dessen Folge Rakhine und Tanintharyi an die Briten fällt.

1852 Zweiter anglo-birmanischer Krieg; ganz Nieder-Myanmar gerät unter britische Kontrolle.

1885–1886 Der dritte anglo-birmanische Krieg macht aus Myanmar einen Teil Britisch-Indiens.

Es kommt zu zahlreichen Aufständen gegen die Kolonialmacht, die blutig niedergeschlagen werden.
1942 Die japanische Armee besetzt das Land und verdrängt die Briten. Nach für beide Seiten äußerst verlustreichen Kämpfen geben die Briten nach der Kapitulation Japans 1945 nur noch ein kurzes Zwischenspiel.
1947 Der Unabhängigkeitskämpfer Aung San entwirft eine neue Verfassung und unterzeichnet mit Vertretern der Minderheiten das Panglong-Abkommen. Die geplante Union of Burma erlebt er nicht mehr. Erst 32 Jahre alt, wird er am 19. Juli 1947 Opfer eines Attentats.
4.1.1948 Myanmar wird unabhängig, ohne politische Stabilität zu gewinnen. Ein Jahr später toben Kämpfe zwischen Regierungstruppen und aufständischen Minderheiten in den Vorstädten Yangons.
1954–1956 Sechste Große Buddhistische Synode in Yangon.
1958 Die Zivilregierung U Nu übergibt wegen der unruhigen Lage im Land die Staatsgeschäfte an den Verteidigungsminister General Ne Win. 1960 finden Wahlen statt.
2.3.1962 Ne Win putscht sich an die Macht zurück. Bis zu seinem Rückzug im Jahr 1981 herrscht er autokratisch und treibt das Land in immer größere Isolation und Armut.
1988 Pro-demokratische Proteste, verursacht durch brutale Unterdrückung und katastrophale Lebensverhältnisse, werden vom Militär blutig niedergeschlagen. Unter dem Kürzel SLORC (State Law and

Aung San Suu Kyi

Order Restoration Council) behält das Militär weiterhin die Macht.
1989 Der SLORC stellt die Oppositionsführerin Aung San Suu Kyi unter Hausarrest.
1990 Die Militärs erleiden bei freien Wahlen eine vernichtende Niederlage gegen die Hoffnungsträgerin des Volkes, Aung San Suu Kyi. Die Militärs weigern sich, die Macht abzugeben, beginnen aber mit wirtschaftlichen Reformen.
1991 Aung San Suu Kyi erhält für ihren Widerstand gegen die Militärs den Friedensnobelpreis.
1997 Myanmar wird Mitglied der Gemeinschaft südostasiatischer Staaten (ASEAN). Die Regierung benennt sich in State Peace and Development Council (SPDC) um.
2002–2007 General Ne Win stirbt 2002, mit Nay Pyi Taw wird 2006 eine neue Hauptstadt aus dem Boden gestampft. Im September

2007 kommt es zu Massendemonstrationen buddhistischer Mönche.
2008 Zyklon Nargis fegt über das Delta hinweg und reißt 140 000 Menschen in den Tod.
7.11.2010 Bei den Wahlen siegt erwartungsgemäß die vom Militär gegründete Union Solidarity and Development Party (USDP).
2011 Präsident Thein Sein überrascht durch eine Politik der Öffnung: Politische Gefangene werden freigelassen, die Zensur wird gelockert und ein umstrittenes Staudamm-Projekt gestoppt.
2015/16 Die National League for Democracy (NLD) gewinnt die Wahl. Htin Kyaw wird Präsident, Aung San Suu Kyi Außenministerin.
2017 Nach Überfällen auf Militärposten an der Grenze zu Bangladesch durch eine separatistische Gruppe antwortet das Militär mit der Vertreibung von über 700 000 muslimischen Rohingyas.
2018 Wegen der Rohingya-Vertreibung wird die Regierung international kritisiert. Htin Kyaw tritt aus Gesundheitsgründen zurück, neuer Präsident wird Win Myint.

BIRMANISCHER FRÜHLING

Die Parlamentswahlen vom 7. November 2010 waren höchst umstritten. Von Aung San Suu Kyis National League for Democracy (NLD) boykottiert und von zahlreichen Betrügereien begleitet, siegte die vom Militär gegründete Union Solidarity and Development Party (USDP) haushoch. Die National Democratic Force (NDF), eine Absplitterung der NLD, erlangte gerade einmal 3,64 %. Wie zu erwarten wurde General Thein Sein, bis zur Wahl vier Jahre lang Premier unter dem Militärregime, am 4. Februar 2011 zum Präsidenten gewählt.

Von der neuen Führung wurde kaum eine Änderung erwartet. Doch kaum im Amt, leitete Thein Sein umfassende Reformen ein. Er hob die Zensur auf, ließ politische Gefangene frei und stoppte ein umstrittenes Staudammprojekt im Kachin-Staat. Westliche Staaten haben dem Land Unterstützung zugesichert, falls die Reformbemühungen ernsthaft weiterverfolgt werden.

Dazu gehört die Beendung der Kriege gegen die Minderheiten. Seit der Unabhängigkeit am 4. Januar 1948 gelang es keiner Regierung Myanmars, den Vielvölkerstaat mit offiziell 135 Volksgruppen friedlich zu regieren. Zwar gestand General Aung San den Minderheiten im Panglong-Abkommen 1947 weitreichende Autonomien zu. Doch das tödliche Attentat auf ihn wenige Monate später machte die Vereinbarung zur Makulatur. Schon bald griffen immer mehr Minderheiten zu den Waffen, um für einen eigenen Staat zu kämpfen. Erst die Waffenstillstandsverhandlungen seit den 1990er-Jahren konnten einige Landesteile befrieden. Doch wie tief das Misstrauen gegenüber der Mehrheit der Bamar sitzt, zeigt sich auch nach dem haushohen Sieg von Aung San Suu Kyi bei den Wahlen im November 2015. Trotz vielfacher Verhandlungen wird in einigen Regionen weiter brutal gekämpft.

NATUR & UMWELT

Wegen der erheblichen Nord-Süd-Ausdehnung und der Höhenunterschiede zwischen dem Meer und den Ausläufern des Himalaya findet man ein gewaltiges Spektrum an Vegetationsformen.

Nur noch etwa 10 % des Landes werden von Primärwäldern bedeckt, in denen nach Schätzungen zwei Drittel der Weltbestände an Teakholz stehen. Zusammen mit China verzeichnet Myanmar die größte Vielfalt an Bambus. Zahlreiche Blumenarten sind endemisch, darunter viele Orchideen.

In diesem Habitat lebt ein erheblicher Teil der asiatischen Tierwelt. Wilde Elefanten streunen vor allem durch die noch waldreichen Berge im Norden und Westen des Landes. Mit über 5000 Arbeitselefanten hält Myanmar den Rekord bei ihrer Zähmung. Tiger, Leoparden, Nashörner, verschiedene Bärenarten, Wildrinder, eine reiche Affenpopulation, Korallenfische, Meeresschildkröten ... alles noch vorhanden. Die erbärmliche Infrastruktur, der fortgesetzte Bürgerkrieg, die unterentwickelte Industrie – was der Menschen Fluch, ist für die Natur ein Segen. Doch setzen Abholzung, Wilderei und Umweltverschmutzung der Natur immer mehr zu.

DIE MENSCHEN

Offiziell leben 135 Volksgruppen in Myanmar. Damit zählt das Land zu den ethnisch vielfältigsten Ländern Asiens. Die Geschichte ist geprägt von Krieg, Vertreibung, aber auch friedlichem Zusammenleben.

Mit fast zwei Dritteln stellen die Bamar zwar die absolute Mehrheit innerhalb der Volksgruppen, doch besiedeln sie nur knapp die Hälfte der Landesfläche. Fast jeder Zehnte ist Angehöriger der Shan, gefolgt von Kayin, Rakhine und Mon. Sind letztere drei vermutlich seit über 2000 Jahren ansässig, gelangten viele Ethnien im Kachin-Staat erst im 19. Jh. nach Myanmar.

ENTRECHTETE MINDERHEITEN

In einer Welle von Wanderungen und Kriegen haben die Bamar über die Jahrhunderte die anderen Volksstämme besiegt und verdrängt. Eines der Hauptprobleme besteht heute in der mangelhaften Integration religiöser und ethnischer Minderheiten. Im Staatsapparat generell unterrepräsentiert, werden einige von der Regierung hofiert, andere jedoch völlig vernachlässigt. So kommt es immer wieder zu gewaltsamen Auseinandersetzungen, besonders betroffen davon sind die Randgebiete > S. 27 Reisebeschränkungen.

VIELE VÖLKER, VIELE FARBEN

Eines ganzen Lebenswerks bedürfte es für einen Wissenschaftler, die vielen verschiedenen Volksgruppen gerecht zu würdigen. Die Hauptgruppen sollten Sie jedoch kennen, denn ohne dieses Wissen ist ein Verständnis des Reiselandes nicht möglich. Je nach Glück und Reiseverlauf werden Ihnen auch Mitglieder kleinerer Volksgruppen begegnen: die Pa-O mit ihren bunten Kopfbedeckungen rund um den Inle-See, Giraffenhalsfrauen der Padaung, die Seenomaden des Myeik-Archipels oder die fantasievoll gekleideten Bergbauernstämme des Goldenen Dreiecks. Begegnen Sie ihnen mit der gleichen Toleranz, dem gleichen Respekt und der gleichen Freundlichkeit, wie sie Ihnen auch entgegengebracht wird. Und vielleicht möchten Sie auch das eine oder andere Zeichen setzen: Weigern Sie sich, die teilweise unter Zwang angekarrten Mitglieder der Minderheiten in regelrechten Menschenzoos abzulichten.

GLAUBENSWELTEN

Vier von fünf Bewohnern Myanmars sind Theravada-Buddhisten. Theravada ist die älteste Schultradition im Buddhismus, die auf den frühesten Lehren des Buddha beruht.

Dieser ist kein Gott – im Buddhismus gibt es, anders als im Christentum oder Islam, keinen Schöpfergott – sondern ein »Erwachter« (aus dem Sanskrit: *Buddha* = erwachen). Die Buddhastatuen, mit denen das Land übersät ist, dienen der tiefen Verehrung des Gründers dieser Weltreligion und der Erinnerung daran, dass man nur durch eigene Anstrengung, Mitgefühl und Selbsterkenntnis die in einem selbst vorhandenen Potenziale entfalten kann, um mit erwachtem Geist den unendlichen und (wunschlos) glücklichen Zustand des Nirwana zu erreichen.

DER WEG DES BUDDHA

Siddhartha Gautama, Sohn des Herrschers von Kapilavashtu im Norden Indiens, geriet nach einer behüteten Jugend bei der ersten Begegnung mit Krankheit, Siechtum, Alter und Tod in eine Sinnkrise. Die in seiner Heimat verbreiteten Hindukulte schienen ihm auf die wichtigen Fragen des Lebens keine Antwort zu geben, sodass er sich selbst auf eine jahrelange Suche begab. Unter einem Bodhi-Baum meditierend, erlangte er schließlich die Erleuchtung, die eine Weltreligion begründete: Er erkannte einen ursächlichen Zusammenhang zwischen Begehren und Leiden, zwischen Geburt und Tod (Vergänglichkeit). Was geboren wird, wird vergehen, Geburt, Alter, Krankheit und Tod sind leidvoll. Jedes Verlangen, das von Begierde und

Zwei junge Mönche im Gebet

falschen Vorstellungen über die Beständigkeit der Dinge getrieben ist, führt zu Leid und zur Wiederholung des Kreislaufs von Wiedergeburt, Leben und Leiden.

DER WEG ZUM NIRWANA

Das Rezept gegen diese Sinnlosigkeit fand der von seinen Schülern hinfort als Buddha (»Der Erleuchtete«) Bezeichnete in dem »edlen achtfachen Pfad«, einem Gerüst von Verhaltensregeln, das sittliches Verhalten, Meditation sowie Streben nach Wissen einschließt. Der Pfad mündet in vollständigem Freisein von irdischen Gelüsten, die Buddha alsbald einen endgültigen Tod ohne weitere Wiedergeburt und damit verbundenem neuem Leid bescherte: das Nirwana. In Konsequenz seiner Theorie von der Vergänglichkeit alles Bestehenden nahm Buddha auch den Untergang und die zyklische Wiedererstehung seiner eigenen Lehre an. Der gängigen Lehrmeinung zufolge war Gautama nicht der erste Buddha und wird auch nicht der letzte sein.

THERAVADA-BUDDHISMUS IM ALLTAG

Die vollständige Durchdringung der buddhistischen Lehre ist für die meisten Menschen zu schwierig. Im Alltag reduziert sie sich daher auf einige wenige Regeln: nicht töten, nicht stehlen, nicht ehebrechen, nicht lügen und keine berauschenden Mittel zu sich nehmen.

Da der Buddhismus eine unsterbliche Seele verneint, hat auch seine Wiedergeburtsidee nichts mit unserer Vorstellung von Seelenwanderung zu tun. Wiedergeboren wird gleichsam nur der Saldo aus guten und schlechten

Gläubige an der Andachtsstelle für Merkur

Taten *(karma)* der erloschenen Existenz. Jedes Leben beginnt also nicht mit einer alten Seele, sondern mit einem neuen Kontostand, den es zu verbessern gilt. Das motiviert die meisten Buddhisten, Schlechtes zu unterlassen und stattdessen Gutes zu tun. Eine gute Möglichkeit, Verdienst zu erwerben, sind beispielsweise Spenden an Pagoden oder Mönche, die also nicht etwa betteln, sondern dem Gläubigen mit der Annahme der Gaben helfen, sein Karma zu verbessern.

Die Unterwerfung unter die zahlreichen Mönchsregeln, darunter die sexuelle Enthaltsamkeit und der Verzicht auf Nahrungsaufnahme nach der Mittagsglocke, gilt als besonders wertvoll für das Karma. Von Männern

HOROSKOP & WOCHENTAGE

Richtung	Wochentag	Planeten	Tiersymbol	Charakter
Süden	Mittwoch (0–12 Uhr)	Merkur	Elefant mit Stoßzähnen	reizbar
Südwesten	Samstag	Saturn	Naga (Kobra)	streitlustig
Westen	Donnerstag	Jupiter	Ratte	sanft
Nordwesten	Mittwoch (12–24 Uhr)	Rahu	Elefant ohne Stoßzähne	cholerisch
Norden	Freitag	Venus	Maulwurf	redelustig
Nordosten	Sonntag	Sonne	Galon-Vogel	geizig
Osten	Montag	Mond	Tiger	eifersüchtig
Südosten	Dienstag	Mars	Löwe	ehrlich

wird erwartet, dass sie zweimal in ihrem Leben für eine gewisse Zeit ins Kloster gehen: vor dem zwanzigsten Lebensjahr als Novize, später als Mönch. Mönche, die ihr ganzes Leben lang die Robe tragen, genießen als Lehrer, Meditationsmeister oder gar als Leiter einer Schule großen Respekt.

ASTROLOGIE

Die meisten Birmanen glauben fest an ihr tradiertes astrologisches System, das die Woche in acht Tage teilt, wobei der Mittwoch zweigeteilt ist › S. 44. Den Wochentagen sind Himmelsrichtungen, Planeten sowie Tiere zugeordnet. Der in diesem System enthaltene Planet Rahu, verantwortlich für Sonnenfinsternisse, entspringt ebenso der Mythologie wie der Garuda-Vogel (birm. *galon*). Sie werden dieses System rund um die Stupas vieler Pagoden wiederfinden.

KUNST & KULTUR

Alte wie neue Reiseberichte verwenden im Zusammenhang mit Myanmar unentwegt das Prädikat »golden«.

Der Grund dafür liegt nicht in der Einfallslosigkeit der Schreiber, sondern in der beinahe manischen Liebe der Einheimischen zu diesem Metall wie auch dem dafür verwendeten Wort: *Shwe*. Kaum etwas, das sich nicht irgendwie mit *Shwe* betiteln ließe, vor allem natürlich Pagoden. Aber auch als Namensbestandteil für Menschen ist Shwe ebenso beliebt wie für x-beliebige Firmen oder Produkte. Shwe Fisch, Shwe Gießkanne – alles Shwe.

SAKRALKUNST

Die alten Hauptkulturen des Landes, die Mon, die Shan, die Rakhine, die Bamar sowie die im 9. Jh. untergegangenen Pyu, haben sich gegenseitig tiefgreifend in ihrer Architektur und Sakralkunst beeinflusst. Sie alle wiederum waren vermutlich von noch älteren indischen Vorbildern geprägt. Doch die alten Städte der Mon und der Rakhine sind fast völlig zerstört, das bedeutendste Zeugnis der Pyu ist Sri Ksetra › S. 88, die Shan haben mit kurzlebigem Holz gebaut, und Bagan, das zuverlässig ab 849 datierte monumentale Werk der Bamar, mag bereits auf fremde Vorbilder zurückgreifen.

STUPAS

Stupas (in Myanmar *zedis* genannt) wurden schon bald nach Buddhas Tod zur Aufbewahrung seiner Reliquien errichtet und entwickelten im Laufe der Jahrhunderte eine enorme Gestaltungsvielfalt. Vor allem in Bagan findet sich vielfach eine quadratische Basis mit drei oder fünf begehbaren Terrassen, welche einen glockenförmigen Korpus (Sanskrit: *anda*) tragen. An der Spitze des Zedi befindet sich der Schirm (Myanmar: *hti*), meist vergoldet und mit Edelsteinen besetzt. Die Kugel an seiner Spitze symbolisiert die Erleuchtung. Traditionell umrunden die barfüßigen Gläubigen den Stupa zum Gedenken an Buddhas langen Weg zum Nirvana dreimal im Uhrzeigersinn.

SYMBOLIK

Die Verschmelzung buddhistischer und hinduistischer Symbole, die Sie überall finden, sind sehr interessant: *Naga,* die Schlange, steht für Wohlstand; der einer Gans ähnelnde Hamsa-Vogel *(hintha)* für Einheit; der einem Adler gleichende Garuda *(galon)* für Stärke; Männer *(kinnari)* und Frauen *(kinnara)* mit dem Unterleib von Vögeln für Liebe. Die *Chinthe*-Löwen, vor allem als Wächter an Tempelportalen zu finden, symbolisieren Mut; die *Manote-thiha,* Löwen mit Menschengesicht, Sicherheit.

DIE MUDRAS

Von Bedeutung sind auch Position *(asana)* und Handstellung *(mudra)* der Buddhafiguren: sitzend, stehend und schreitend für den aktiven Buddha, liegend für den ins Nirwana übergehenden.

- Linke Hand im Schoß, rechte über dem Knie, den Boden berührend: der Versuchung widerstehend.
- Beide Hände übereinander im Schoß liegend: meditierend.
- Daumen und Zeigefinger zu einem Kreis geschlossen: lehrend.
- Eine oder beide Handflächen frontal auf den Betrachter gerichtet: beschwichtigend.
- Linke Hand im Schoß, die rechte geöffnete Handfläche nach unten weisend: (buddhistische Weisheit) anbietend.

KUNSTHANDWERK

Traditionell werden als die »zehn Blumen« folgende Handwerkskünste unterschieden: Gold- und Silberschmiede, Eisenschmiede, Buntmetallguss, Holzschnitzerei, Malerei, Stukkatur, Tischler-, *Lathe*- (Skulpturen) sowie Lackarbeiten. Bei letzteren haben es die Birmanen zu unübertroffener Meisterschaft gebracht › S. 53. Der Weberei gebührt vielleicht der Spitzenplatz im heutigen Schaffen der Kunsthandwerker. Anders als in allen anderen asiatischen Ländern haben sich die traditionellen Trachten in Myanmar erhalten.

TANZ, THEATER UND MUSIK

Diese drei Kunstsparten haben ihren gemeinsamen Ursprung wohl in der Nat-Verehrung › S. 94 aus vorbuddhistischer Zeit und sollen deshalb gemeinsam behandelt werden. Ihren Höhepunkt erreichten die darstellenden Künste während der letzten Dynastie.

Bei dieser Vorführung treten Tänzer und Marionetten gemeinsam auf

Immer dabei ist ein 7- bis 10-köpfiges Orchester. Die für unsere Ohren teilweise falsch klingende, weil nicht temperierte und sehr wiederholungsreiche Musik wird von etlichen Schlaginstrumenten bestimmt. Die Melodieführung obliegt asiatischen Verwandten unserer Violinen, Harfen, Flöten, Lauten und Oboen. Besonders markant sind kreisförmig aufgestellte Trommeln und Gongs.

TANZFORMEN

Die Tanzdarbietungen verfügen über ein Stilspektrum, das von ekstatischen Bewegungen der Nat-Tänzer bis hin zu streng formalen, höfisch-eleganten Ballettformen in kostbaren Roben reicht, wie sie auch von Thailand oder Kambodscha bekannt sind. An die 2000 festgelegte Figuren sind erfasst, von denen einige auf das vermutlich ältere Marionettentheater zurückgehen. Die Themen sind meist dem indischen Epos Ramayana entnommen oder den *jatakas,* Szenen aus den früheren Leben Buddhas.

HINTERGRÜNDIGES THEATER

Während Yangon, Mandalay und Bagan Tanzdarbietungen für Touristen institutionalisiert haben, müssen Sie sich für eine gute Vorstellung des populären Theaters einen Platz auf einem öffentlichen Fest erkämpfen. Vor allem aus seiner komödiantischen oder gar vulgären Variante spricht hier Volkes Seele. Offene Kritik an den Verhältnissen wird satirisch und mit äußerster Hintergründigkeit betrieben, wird aber nun auch von der Regierung geduldet. Heute macht den Schauspielern das Desinteresse der Jugend zu schaffen, die sich eher für Schmalzstreifen aus Korea und anderen asiatischen Ländern begeistert.

ROCK- & POPMUSIK

Bereits seit 1983 heizen die Musiker von Emperor ihrem Publikum ein. Seit langem Nummer eins ist jedoch die Band Iron Cross, welche seit 1990 im Geschäft ist. Die Soli des Gitarristen Chit San Maung sind ebenso legendär wie die Auftritte des Sängers Lay Phyu, der heute jedoch eher solo auftritt. Auch die Band Lazy Club liegt in der Beliebtheitsskala weit oben. Zunehmend finden auch Punk und Indie-Rock Fans. Wie das Publikum ist Hip-Hop in Myanmar noch jung. Rock und Rap sind in, kaum eine Teestube, in der nicht die Boxen scheppern. Selbst schüchterne Mädchen beginnen zu wippen, wenn die Rapper Anegga, Barbu oder Sai Sai Kham Hlaing loslegen.

FESTE & VERANSTALTUNGEN

Neben den offiziellen buddhistischen Festtagen feiern kleine Pagoden auch ihre eigenen Feste. An solchen Tagen können örtliche Behörden geschlossen sein.

Während die meisten gesetzlichen Feiertage des Landes dem Gregorianischen Kalender folgen, orientieren sich die traditionellen Feste am Mondkalender, was bedeutet, dass Beginn oder Höhepunkt der Veranstaltungen auf den Vollmond fallen.

FESTEKALENDER

Januar: Die Kachin feiern am 10. des Monats ihr großes **Manao-Fest** in Myitkyina > S. 131.

Februar: Am 12. Februar begeht das ganze Land den **Tag der Union** zum Gedenken an das Panglong-Abkommen von 1947 > S. 39. In den zwei vorausgehenden Wochen wird die Nationalflagge durchs Land kutschiert, bis sie in Yangon eintrifft. Wo sie Zwischenstation macht, wird kräftig gefeiert.

April: Zur heißesten Zeit, Mitte April, wird **Thingyan** gefeiert. Das landesweit fünf Tage lang ekstatisch begangene Neujahrsfest begrüßt den König der Nats auf einer Stippvisite bei den Sterblichen. Der Herrscher wirft einen Blick in das Buch der guten und bösen Taten, während die Menschen sich mit Wasser überschütten. Die strengen Anstandsregeln werden in diesen Tagen einmal gelockert. Feiern Sie mit, aber lassen Sie am besten alles im Hotel, was nicht wasserfest ist.

Mai/Juni: Zum Vollmondtag **Nayon**, dem »dreifach gesegneten Tag« wird Buddhas Geburt, Erleuchtung und Eingang ins Nirwana mit feierlichem Gießen der Bodhi-Bäume gefeiert.

Juli/August: Zu Beginn der dreimonatigen buddhistischen Fastenzeit am Vollmondtag **Waso** bringen Gläubige den Mönchen reiche Gaben dar, vor allem neue Roben. In Taungbyone, 30 km nördlich von Mandalay, findet in der Woche vor dem Vollmondtag **Wagaung** (meist im August) ein ausgelassenes Spektakel mit Rauschmitteln und Musik zu Ehren von zwei Nat-Brüdern statt.

Ein Höhepunkt im Shan-Staat ist das jährliche Phaung-Daw-U-Fest

September/Oktober: Auf dem Höhepunkt der Regenzeit finden landesweit Bootsrennen statt, das schönste zum Ende des dreiwöchigen **Phaung-Daw-U-Festes** auf dem Inle-See. Mit dem Vollmondtag **Thadingyut** wird das Ende der Fastenperiode in einer Nacht der Kerzen »eingeleuchtet«.

November/Dezember: Junge Frauen weben zum Vollmondtag **Tazaungmon** über Nacht im Tempel neue Mönchsroben um die Wette. Landesweite Nat-Feste finden zum Vollmondtag **Nadaw** statt. Außerdem wird der bewegliche **Nationalfeiertag** in dieser Zeit begangen.

ESSEN & TRINKEN

Reis (htamin) und Curry (hin) heißt die kulinarische Zauberformel, die in vielen Varianten angeboten wird. Ihren Kick bekommen sie durch scharfe Saucen und würzige Dips.

Neben allerlei Gewürzen basieren die Currys auf Rind, Schwein, Fisch, Huhn, Garnelen oder Hammel. Als Beilage wird gekochtes Gemüse wie etwa Chayote (ein Kürbisgewächs) oder Aubergine serviert. Auch eine Linsensuppe oder eine mit Bitterkraut angereicherte klare Suppe gehören zum Menü. Die entsprechende Würze und Schärfe verleihen *nga pye ye,* eine Fischsoße mit Chili, und *balachaung,* ein Mix von gerösteten Zwiebeln, Garnelen, Knoblauch und Chili. Als Snack kommen oft *lephet thoke,* eingelegte Teeblätter mit Sesam und Erdnüssen, auf den Tisch. In Restaurants erhält man Löffel und Gabel, doch werden Reis und Curry vielfach noch traditionell mit den Fingern gegessen – ausschließlich mit der rechten Hand.

SALATE UND NUDELN

Unter den vielen verschiedenen Salatvariationen sticht der pikante *lethoke* mit seinem Gemisch aus rohem Gemüse und Obst besonders hervor. Nudelgerichte gibt es in vielen Ausführungen: Rund um Mandalay ist *mishee* populär, wozu Reisnudeln mit Schweinehackfleisch, Zwiebeln und Chili angereichert werden. *Kauk sweh* ist eine kulinarische Bereicherung aus dem Shan-Staat: Eiernudeln werden mit Huhn in Kokosnusssoße serviert, die dank Zwiebeln, Knoblauch, Ingwer und Chili einen pikanten Geschmack erhält. Die typisch birmanische Nudelsuppe, *mohinga,* beruht auf einer dicken, gelben Fischsoße und füllt den birmanischen Magen zum Frühstück.

DIE TEAS HOPS

Die Institution des *tea shop* wird von Touristen leider häufig übersehen. Hier wird neben Tee und Kaffee, beide in verschiedenen Versionen erhältlich, auch eine Vielzahl kleiner Snacks serviert, darunter wahre Köstlichkeiten, sowohl süß als auch pikant. Lassen Sie sich nicht von der Optik täuschen – die unscheinbarsten Gerichte können die besten sein. Außerdem sind Eier in den üblichen Formen zu haben, was den Tea shop zum Frühstücken qualifiziert.

DAS BESTE AUS DEN KÜCHEN

- Im netten Garten des **Salay House** essen Sie stilvoll mit Ayeyarwady-Blick. > S. 98
- Bagan gilt als einer der besten Orte für birmanische Küche. Lassen Sie sich von der eher schlichten Einrichtung des **Shwe Myanmar** nicht abschrecken – dort serviert man leckere Currys. > S. 98
- Das **Green Chilli Restaurant** in Nyaung Shwe tischt in lauschiger Atmosphäre leckere Shan-Gerichte und Thai-Currys auf. > S. 117
- Das **Club Terrace** beim Golfklub von Pyin U Lwin verströmt viel koloniales Flair. > S. 125
- Authentische Rakhine-Küche finden Sie im **Moe Cherry** in Mrauk U. > S. 144

GETRÄNKE

Die international bekannten Softdrink-Konzerne sind samt und sonders vertreten, es gibt daneben aber auch sehr gute einheimische Durstlöscher. Ein Lob sei an dieser Stelle den lokalen Brauereien der wirklich leckeren Biere ausgesprochen. In den vielerorts populären Biergärten können Sie zum frisch gezapften Bier auch schmackhafte Grillspießchen knabbern. Tee und Kaffee werden für gewöhnlich süß und mit Milch serviert, auf Wunsch gibt es beides natürlich auch ohne alles. Die einheimischen Sorten von Whisky, Rum und Gin sind nicht unbedingt jedermanns Geschmack. In den Supermärkten von Yangon und Mandalay sind aber auch internationale Spirituosen zu bekommen.

SHOPPING

Ob Edelsteine oder Sonnenschirme, birmanische Mitbringsel werden Sie noch lange nach dem Urlaub erfreuen. Ein paar Regeln sollten Sie beim Einkauf allerdings beachten.

Longyis › S. 109 kaufen Sie am besten am jeweiligen Herkunftsort, doch kopiert man in Amarapura bei Mandalay alle Varianten in technischer Vollendung. Da viele ländliche Kleinbetriebe vermehrt auch Kunstfasern oder Seide-Kunstfaser-Mischungen verwenden, sollten Sie gegebenenfalls die bekannte »Feuerprobe« machen: Kunstfaser schmilzt zu harten Tröpfchen, Seide wird weich und verbrennt zu Asche. Die hübschen **Bambusschirme** kommen aus Pathein › S. 137. Auch sie sind ein typisch birmanisches Erzeugnis, harten Alltagsbelastungen jedoch nicht gewachsen. **Umhängetaschen,** die auf den Märkten angeboten werden, haben in puncto Dekor und Material einen Tiefstand erreicht. Sofern Sie sich nicht mit Plunder zufrieden geben wollen, bleibt nur die Suche in den Dörfern der Bergvölker.

ANTIQUITÄTEN

Rechnen Sie grundsätzlich nicht damit, dass man Ihnen Originale anbietet. In jedem Fall brauchen Sie eine Erlaubnis für den Export, die zu beschaffen Aufgabe des Händlers ist. Da der Export von Antiquitäten verboten ist, sollten Sie auch bei dem Papier ein gesundes Misstrauen an den Tag legen. Holzschnitzereien dürfen Sie nicht ausführen, sofern es sich um Statuen aus Edelhölzern, z. B. Teakholz, oder um Antiquitäten handelt.

EDELSTEINE

Rubine aus Myanmar sind unübertroffen, ebenso andere hochwertige Edelsteine wie Saphire, Topase, Spinelle; gehandelt wird auch mit birmanischer Jade und sehr guten Perlen. Der Export ist jedoch nur gestattet, wenn die Preziosen bei einem staatlich lizenzierten Händler erworben wurden, der Ihnen dafür eine entsprechende Bescheinigung ausstellt. Sie kaufen dort zwar teurer ein als auf dem freien Markt, doch sind Sie vor Rechtsproblemen geschützt. Vergessen sie nicht, Preise zu vergleichen und kräftig zu handeln.

BEIM RUBINKAUF FOLGENDES BEACHTEN:

Die Steine weisen oft auch für den Laien unter der Lupe erkennbare Risse auf. Durchziehen diese den ganzen Stein, kann er leicht zerbrechen, und Sie sollten ihn nicht kaufen. Andernfalls verringern sie zwar den Wert, nicht aber die Schönheit, auf die es ankommt. Gerade bei dieser gibt es aber erhebliche und auch preisbestimmende Unterschiede. Die richtige Farbe sollte Ihnen daher wichtiger sein als Reinheit und Größe. Gute Rubine leuchten in einem hellen, warmen, sehr intensiven Rot.

BUNTE PUPPEN, PRÄCHTIGE STOFFE & EDLER LACK

Kalaga-Stickereien sind große Kunst

Vermutlich werden Sie sich über das Gepäcklimit Ihrer Airline ärgern. Lassen Sie in Ihrem Koffer also genügend Platz für Mitbringsel – Sie wären nicht die Ersten, die in Myanmar einem wahren Kaufrausch verfallen. Mandalay und seine Umgebung gelten mit Fug und Recht als das Zentrum des Kunsthandwerks. Von Arbeiten aus Blattgold über Holzschnitzereien bis Tempelglocken wird hier alles hergestellt. Die besten Lackarbeiten finden Sie in Bagan.

TIPP:

Wenn Sie die bunte Welt buddhistischer Devotionalien kennenlernen wollen, schlendern Sie doch einmal durch die mit allen möglichen Waren bestückten östlichen Zugänge der Shwedagon-Pagode in Yangon > **S. 60** oder der Mahamuni-Pagode > **S. 104** in Mandalay.

KALAGA-STICKEREIEN

Kalaga, »indischer Wandbehang«, nennen Birmanen die schweren Stoffe, die mit Tausenden metallener Pailletten, mit Glasperlen, Spiegelsteinen sowie gold- und silberumwirkten Fäden bestickt werden. Meist handelt es sich um religiöse oder höfische Motive. Kein Wunder, denn wichtigster Auftraggeber war früher das Königshaus. Heute sind es die Hotels und Restaurants, die solche Schmuckstücke für sich anfertigen lassen. Vielleicht haben Sie zu Hause noch eine Wand frei für diese Kunstwerke, an denen junge Frauen für einen Hungerlohn oft monatelang arbeiten. Achten Sie unbedingt auf Qualität: Ein entscheidendes Merkmal dafür ist die Festigkeit des Samtes. Stücke, die sich lappig und weich anfühlen, sind minderwertig. Das Gleiche gilt für stumpf oder rostig wirkende Pailletten, die Alter vortäuschen sollen.

LACKARBEITEN

Vielfarbige Lackarbeiten werden heute überwiegend in Bagan hergestellt, können jedoch ebenso gut in Mandalay oder Yangon erstanden werden. Da jede Farbe einen neuen Schleifgang erfordert, ist die Anzahl der verwendeten Farben maßgeblich für Güte und Preis. Qualitativ am besten fallen kleinere Gegenstände aus, bei denen die Lackschichten auf ein hochflexibles Geflecht aus Tierhaar und Bambusfasern aufgetragen werden.

Bedingt durch die wachsende Nachfrage nach billigen Souvenirs werden hochwertige Lackarbeiten leider immer seltener angefertigt. Das früher noch geflochtene Gerüst wird für Billigangebote nun durch Pappe (ebenfalls flexibel, springt aber nur schlaff und nicht in die exakte Ausgangsposition zurück) oder durch massiven Bambus (ist dick und schwer, bricht leicht) ersetzt.

Wollen Sie sich und den lokalen Traditionen einen Dienst erweisen, erstehen Sie lieber ein hochwertiges Produkt zu einem höheren Preis und lassen Sie sich vor dem Kauf den Unterschied zu Billigmaterial durch eine Flexibilitätsprüfung vom Verkäufer demonstrieren. Größere Stücke werden natürlich immer aus Holz und Bambus hergestellt.

MARIONETTEN

Marionetten mit aufwändig bestickten Gewändern fehlen in kaum einem Souvenirshop, kein Tempel Bagans, an dessen Eingang nicht unzählige von ihnen hängen. Der beste Ort zum Kauf ist Mandalay, denn dort werden die meisten Puppen hergestellt. Neben der Größe bestimmen die Anzahl der beweglichen Körperteile (manchmal sogar die Augenlider) und die Qualität der Gewänder den Preis.

GUTE SHOPPING-ADRESSEN:

- **SHAYI Fashion House** C8
  Ethno-Mode der Designerin Sann Bawk Rar. Filiale im Taw Win Centre.
  > mehr S. 17 Punkt 33
  45/B New Yae Tar Shae St. | Yangon
  Mobil 09/799404423
- **Aung Nan Handicrafts** C5
  Vielfältige Auswahl an Marionetten.
  > mehr S. 17 Punkt 35
  97–99, Mandalay-Sagaing Rd.
  Mandalay | Tel. 02/70145
- **U Sein Myint** C5
  Bietet ebenfalls eine gute Auswahl an Wandbehängen und Marionetten.
  42 62nd St., zw. 16th und 17th St.
  Mandalay | Tel. 02/26553
- **Art Gallery of Bagan** C6
  Schöne Lackarbeiten und wohl die beste Adresse vor Ort.
  Bagan | Ortsteil Myinkaba
  Mobil 09/259010913

Die U-Bein-Brücke überspannt
den Taungthaman-See bei Amarapura

Perfekte Planung > Parallel vordere Klappe aufschlagen

TOP-12-HIGHLIGHTS

54 TOUREN & SEHENSWERTES

TOUR-SYMBOLE

- 1 Die POLYGLOTT-Touren
- 6 Stationen einer Tour
- A1 Die Koordinate verweist auf die Platzierung in der Faltkarte
- a1 Platzierung Rückseite Faltkarte

PREIS-SYMBOLE

	Hotel DZ	Restaurant
€	bis 50 EUR	bis 5 EUR
€€	51 bis 100 EUR	6 bis 10 EUR
€€€	über 100 EUR	über 10 EUR

TOUREN & SEHENSWERTES

YANGON & DER SÜDEN

Die Shwedagon-Pagode in Yangon, Myanmars Nationalheiligtum

Nur wenige Städte Asiens bieten eine so faszinierende Mischung an Ethnien und Kulturen wie Myanmars Metropole Yangon. Endlose Sandstrände, Hunderte von Inseln und pittoreske Häfen prägen Tanintharyi im tiefen Süden.

In der ehemaligen Hauptstadt **Yangon** erheben sich dicht an dicht Kirchen, Pagoden, Hindutempel und Moscheen. Wuchtige viktorianische Bauten wechseln sich ab mit Palästen aus Glas und Beton sowie mit weitläufigen Siedlungen aus Teakhäusern. Erstaunlicherweise fügen sich die krassen Gegensätze Yangons zu einem harmonischen Ganzen zusammen. Das mag am Miteinander seiner toleranten Bewohner liegen oder an der einigenden Anziehungskraft der Shwedagon-Pagode mit ihrem goldbedeckten Stupa.

Ein Schatten seiner selbst ist hingegen **Bago,** 80 km nordöstlich von Yangon. Die einst bedeutende Königsmetropole ist heute ein Provinznest – dank der vielen Pagoden und einem lächelnden liegenden Buddha jedoch eines mit Charme. Einer der kuriosesten Pilgerorte liegt im Mon-Staat: der dramatisch am Abhang balancierende Goldene Felsen, **Kyaik-htiyo,** 5–6 Autostunden von Yangon. Für die anstrengende Anfahrt entschädigt die fromm-fröhliche Atmosphäre rund um das Heiligtum. Nicht weit davon, südlich des Goldenen Felsens, erinnert in **Thaton** kaum mehr etwas an dessen Bedeutung als Zentrum eines mächtigen Mon-Reiches. Dafür verströmt der Ort die Atmosphäre einer birmanischen Kleinstadt. Noch wenig besucht ist die Hauptstadt des Kayin-Staates **Hpa-an,** die inmitten einer malerischen Landschaft liegt. Schließlich lohnt das ca. 300 km südöstlich von Yangon gelegene **Mawlamyine** mit seinen verträumten Pagoden und interessanten Ausflugszielen wie etwa dem Strand von **Kyaikkhami** und dem riesigen liegenden Buddha bei **Mudon.**

Die schönste Küstenregion des Landes ist **Tanintharyi.** Dorthin machen sich nur wenige Besucher auf, um die stimmungsvolle Hafenstadt **Dawei** mit dem nahen Strand von Maungmagan, das geschäftige **Myeik** und den riesigen **Myeik-Archipel** mit über 800 Inseln sowie Myanmars südlichsten Zipfel bei **Kawthoung** zu besuchen.

Markt in Thanlyin

TOUREN IN DER REGION

TOUR 1

INS LAND DER MON

ROUTE: Yangon > Bago > Kyaik-htiyo > Thaton > Hpa-an > Mawlamyine > Yangon

KARTE: Seite 59
LÄNGE: 600 km, **DAUER:** 4–5 Tage
PRAKTISCHE HINWEISE:

- Für diese Rundtour benötigen Sie einen Wagen mit Fahrer.
- Um die Reise vielseitiger zu gestalten, können Sie bis Hpa-an mit dem Auto anreisen, von Hpa-an nach Mawlamyine ein Boot chartern (2 Std., über Unterkunft buchbar) und von Mawlamyine zurück nach Yangon mit dem langsamen, aber sehr unterhaltsamen Zug fahren (10 Std.).

TOUR-START:

Von **Yangon** 1 > S. 60 fahren Sie zunächst in die alte Mon-Metropole **Bago** 5 > S. 73 (80 km, ca. 2 Std.) und besuchen dort die buddhistischen Sehenswürdigkeiten. Je nach Straßenzustand benötigen Sie weitere 3–4 Std. bis zum Goldenen Felsen, **Kyaik-htiyo** 6 > S. 75, wo Sie nach dem Aufstieg in einem der Hotels unweit des kuriosen Heiligtums übernachten können.

Am zweiten Tag fahren Sie über das lauschige **Thaton** 7 > S. 77 gen Osten nach **Hpa-an** 8 > S. 78, um dort nachmittags die Karst-Landschaft zu erkunden.

Der dritte Tag führt Sie nach **Mawlamyine** 9 > S. 79, das 64 km von Thaton entfernt am Thanlwin-Fluss liegt. Von dort aus können Sie am vierten Tag einen Ausflug zum liegenden Buddha von Mudon oder an den Strand von Setse unternehmen – oder Sie kehren nach Yangon zurück (300 km).

Der neue Kanbawzathadi-Palast in Bago ist üppig vergoldet

TOUR 2

IM TIEFEN SÜDEN

ROUTE: Yangon > Dawei > Myeik > Kawthoung

KARTE: Seite 59
LÄNGE: 1350 km
DAUER: mindestens 5 Tage
PRAKTISCHER HINWEIS:

- DIe Anreise über Land per Bus oder Mietwagen ist zwar möglich, allerdings sehr zeitaufwendig. Von Yangon aus verkehren regelmäßig Flugzeuge über Dawei und Myeik nach Kawthoung.

TOUR-START:

Die Reise in den tiefen Süden bedarf guter Planung, da spontane Überlandfahrten nicht möglich sind. Das Flugzeug bringt Sie zunächst von **Yangon** 1 › S. 60 nach **Dawei** 14 › S. 81. Für die schönen Strände sollten Sie sich zwei Tage Zeit nehmen. Am dritten Tag fahren Sie per Boot, Minibus oder Flugzeug weiter in die geschäftige Hafenstadt **Myeik** 15 › S. 82. Wenn Sie einen mehrtägigen Ausflug in den **Myeik-Archipel** 16 › S. 82 mit seinen fantastischen Tauchgründen planen, müssen Sie dies vorab über einen Veranstalter buchen. Zurück in Myeik können Sie von dort per Schnellboot nach **Kawthoung** 17 › S. 83 (4½–5 Std.) weiterreisen, wo es auf vorgelagerten Inseln schöne Resorts gibt.

TOUREN IN DER REGION

TOUR 1 INS LAND DER MON
Yangon > Bago > Kyaik-htiyo > Thaton > Hpa-an > Mawlamyine > Yangon

TOUR 2 IM TIEFEN SÜDEN
Yangon > Dawei > Myeik > Kawthoung

Karte S. 67

UNTERWEGS IN YANGON 1 C8

SHWEDAGON A 1 b2

»Shwedagon!« Wie eine Zauberformel wird der Taxifahrer den Namen murmeln, während sein Zeigefinger auf einen goldenen Koloss in der Ferne zeigt. Tatsächlich gibt es nur wenige Routen zwischen Flughafen und Zentrum, auf denen der legendäre Bau nicht zu sehen wäre. Und der Chauffeur weiß, was Sie sehen wollen: die berühmte goldene Pagode. Sie ist nicht nur die Hauptattraktion der Stadt, sondern auch Myanmars Nationalheiligtum. Einem geflügelten Spruch zufolge liegt auf dem Stupa mehr Gold als in der Bank von England. Sicher ist, dass sich für diese Pracht diverse birmanische Potentaten in Gold aufwiegen ließen.

Auch wenn die Anlage durchaus überschaubare Ausmaße aufweist, sollten Sie sich zur Besichtigung genügend Zeit nehmen. Am stimmungsvollsten ist es am frühen Morgen und am späten Nachmittag (tgl. 4–21 Uhr).

Besonders eindrucksvoll ist der Besuch an einem der Vollmondtage. Zum Oktobervollmond, Thadingyut, entzünden Gläubige Tausende von Öllichtern. Auch zum Vollmond im November, Tazaungmon, erstrahlt die Pagode im Lichtermeer. Dazu finden sich auch mehrere Teams junger Frauen zu einem Webwettbewerb ein. Sehr viel geboten wird zum Tempelfest am Vollmond Tabaung im Februar/März.

TIPP:

Für einen näheren Blick auf die kostbare Spitze des Stupa brauchen Sie ein Fernglas. Wie bei allen Pagoden sind Schuhe und Strümpfe unbedingt beim Betreten der Aufgänge auszuziehen. Shorts, ärmellose T-Shirts, durchsichtige Blusen u. Ä. verstoßen im Pagodenbereich gegen die Anstandsregeln.

AUFSTIEG AUF DEN PAGODENHÜGEL

Vier nach den Himmelsrichtungen ausgerichtete Treppenaufgänge führen auf die Spitze des Singuttara-Hügels, von dem aus die »Goldene Dagon« Yangon überragt. Ausländische Besucher werden meist zum Südaufgang dirigiert. Interessanter ist der Ostzugang mit Devotionalienständen und dem Markt an seiner Zufahrtstraße.

Auf der Spitze des Hügels umgeben 15 m hohe Mauern eine knapp 60 000 m² große, fast quadratische Terrasse. In deren Mitte ragt der massive, vollständig mit Gold bedeckte Stupa 98 m in die Höhe; sein Umfang an der Basis misst 433 m, an der Spitze leuchtet eine mit über 4000 Diamanten besetzte Goldkugel von 25 cm Durchmesser, auf der ein riesiger Smaragd das Sonnenlicht bricht. Auch die Wetterfahne darunter ist mit mehreren tausend feinsten Edelsteinen verziert. Zur Basis hin löst sich der Querschnitt des Stupa in ein Oktagon auf, das an jeder Seite von acht kleineren Stupas, insgesamt also 64, flankiert wird.

SÜD- UND WESTSEITE

Traditionell werden Pagoden im Uhrzeigersinn umrundet, wobei unser Rundgang im Süden beginnt.

Direkt gegenüber dem Südaufgang befindet sich der Tempel des **Konagamana-Buddha** a, einem der Vorgänger Gautamas geweiht, mit vielen Buddhastatuen. Sie zählen vermutlich zu den ältesten der Anlage. Der Tempel ist beidseitig von Andachtsstellen für Merkur flankiert.

Der **Schrein der chinesischen Gemeinschaft** b enthält 28 Statuen, die Inkarnationen Buddhas darstellen. Die Andachtsstelle an der Südwestecke des Zentralkomplexes steht unter dem Zeichen Saturns.

Eine **Gedenksäule** c mit viersprachiger Inschrift erinnert an den ersten Studentenstreik von 1920.

Der Hauptsupa der Shwedagon ist von 64 kleinen Stupas umgeben

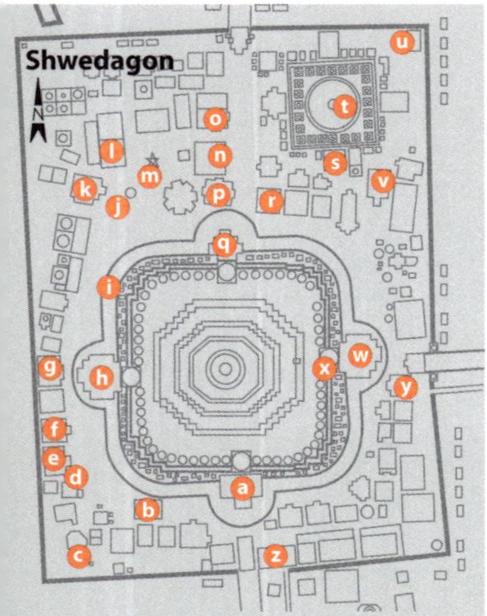

- a Konagamana-Buddha
- b Chinesischer Schrein
- c Gedenksäule
- d Nat-Schrein
- e Rakhine-Pavillon
- f Daw Pwint's Hall
- g Two Pice Tazaung
- h Kassapa-Buddha
- i König Okkalapa
- j Wochentags-Pagode
- k Maha-Gandha-Glocke
- l Versammlungshalle
- m Wunscherfüllungsstelle
- n Zediyingna-Gesellschaft
- o Fußabdruck Buddhas
- p Sandawdwin Tazaung
- q Gautama-Buddha
- r Maha-Bodhi-Tempel
- s Shin-Itzagona-Schrein
- t Naungdawgyi-Pagode
- u Shwedagon-Inschriften
- v Maha-Tissada-Glocke
- w Kakusandha-Buddha
- x Tawa-Gu-Buddha
- y U Nyo Tazaung
- z Saetawmu-Buddha

In einem kleinen **Schrein** d sehen Sie hinter Glas rechts Bo Bo Gyi, den Schutz-Nat der Shwedagon, sowie den König der Nats, Thagyamin. Der **Rakhine-Pavillon** e gleich daneben besticht durch seine exquisiten Schnitzereien.

Es folgt die **Daw Pwint's Hall** f mit der Darstellung Buddhas beim Übergang ins Nirwana, danach der Schrein der chinesischen Kaufleute. Nun ist der Westeingang erreicht. Den dortigen **Two Pice Tazaung** g finanzierten Händler des Theingyi-Zei-Marktes in den 1930er-Jahren mit eine Spende von mindestens zwei Geldmünzen.

Gegenüber ist ein Tempel dem **Kassapa-Buddha** h, einer weiteren Inkarnation Buddhas, gewidmet. Auf den beidseitigen Andachtsstellen verehrt man Jupiter, rechts sind Statuen von Mai La Mu und Sakka, den legendären Eltern von König Okkalapa, zu finden. Dem berühmten Stifter der Shwedagon wiederum, **König Okkalapa** i, ist eine Statue ein Stück weiter nördlich gewidmet.

An der Nordwestecke folgt die Rahu-Andachtsstelle. In den Nischen der kleinen **Wochentags-Pagode** j gegenüber können Sie die Symbole der acht Tier- und Sternzeichen der Wochentage › S. 44 bestaunen. Ein schattiger Pavillon lädt Besucher zu einer Rast ein. Er wurde für die 2,20 m hohe und 23 t schwere **Maha-Gandha-Glocke** k errichtet, die 1779 gegossen wurde. Dahinter schließt sich ein Schrein mit vergoldetem Buddha an, der Wünsche erfüllen soll. In der **Versammlungshalle** l mit einer 9 m hohen, sitzenden Buddhafigur finden gelegentlich Vorlesungen über die buddhistische Lehre statt. › mehr S. 13 Punkt 7

NORD- UND OSTSEITE

Das in den Marmorboden eingelassene Sternsymbol an der **Wunscherfüllungsstelle** m vor dem Hauptstupa ist ohne Pause von meditierenden Gläubigen belegt. Kein Wunder, denn an dieser Stelle geäußerte Wünsche sollen am ehesten in Erfüllung gehen. In Richtung des Nordaufgangs steht die **Halle der Zediyingna-Gesellschaft** n. Indische Wächterfiguren bewachen die Eingänge der anschließenden Halle, die einen **Fußabdruck Buddhas** o birgt. In der Nordostecke nahe der Außenmauer stehen zwei heilige Bodhi-Bäume. Einer davon ist ein Ableger des indischen Originals, unter dem Buddha seine Erleuchtung erlangt haben soll.

Der **Sandawdwin Tazaung** p steht über einem Brunnen, der angeblich bis zum Ayeyarwady herabreicht und einst zur Waschung der »Acht Haare Buddhas« gedient ha-

JUNGE GESCHICHTE

Yangon ist vergleichsweise noch sehr jung. Nachdem König Alaungpaya 1756 während eines der zahllosen Kriege zur Vereinigung des Reiches Myanmars wichtigsten Seehafen Syriam zerstört hatte, ließ er auf dem Boden des benachbarten Weilers Dagon eine neue Stadt bauen, die er Yangon (»Ende des Streites«) taufte. Ein Großbrand radierte die junge Stadt 1841 allerdings beinahe wieder aus, und die Früchte des mühsamen Wiederaufbaus fielen nicht lang danach 1852 dem zweiten anglo-birmanischen Krieg zum Opfer. Nachdem das Land 1885 im dritten anglo-birmanischen Krieg an die englische Krone gefallen war, machten die Briten Rangoon, wie sie die Stadt nannten, zum Verwaltungszentrum des birmanischen Teils ihrer Kronkolonie Britisch-Indien.

Unter britischer Ägide entstand ein rechtwinkliges Gitternetz großzügig angelegter Straßen am Nordufer des Yangon-Flusses, das nach Westen von einer Biegung des Flusses und nach Osten vom Pazundaung Creek begrenzt wird. Im Norden lockert es sich zwischen Seen, Parks und Ausfallstraßen auf und verliert sich in Reisfeldern. Darin stehen repräsentative Verwaltungsbauten der Briten, Kultstätten aller Weltreligionen sowie des asiatischen Völkergemischs, das Yangon sein unverkennbares Gepräge verleiht.

Nach dem Abzug der Briten und dem anschließenden wirtschaftlichen Niedergang des unabhängigen Myanmar zerfiel die Pracht, bis man Ende der 1980er-Jahre nur noch von einem maroden Freilichtmuseum sprechen mochte. Seit Mitte der 1990er-Jahre wurden viele Kolonialbauten restauriert, etliche gesichtslose Geschäftshäusern und Hotels mussten weichen. Eine zunehmende Zahl historischer Gebäude steht heute unter Denkmalschutz.

Karte S. 62

Die größte Glocke der Shwedagon, Maha Tissada

ben soll. Der beidseitig von Venus-Andachtsstellen flankierte **Gautama-Buddha** q ist einer der vier Buddhas der jetzigen Weltzeit – zusammen mit den Buddhas Kakusandha, Konagamana und Kassapa.

Der leuchtend bunte **Maha-Bodhi-Tempel** r fällt gänzlich aus dem Rahmen birmanischer Sakralarchitektur: Er ist dem gleichnamigen Tempel in Bodhgaya in Nordindien nachempfunden, der am Ort von Buddhas Erleuchtung errichtet wurde. Ein weiterer **Schrein** s ist Shin Itzagona gewidmet. Dieser war ein zauberkräftiger Mönch, der sich die Augen ausstach, nachdem er über der Suche nach dem Stein der Weisen verzweifelte. Sein letztes Experiment reichte immerhin, um ihm das Augenlicht wieder zu ersetzen, doch bekam er nur ein Auge eines Büffels und eines einer Ziege. »Meister Ziegen-Büffel« mit den unterschiedlichen Augen steht links neben dem zentralen Buddha des Schreins.

Die **Naungdawgyi-Pagode** t direkt dahinter wurde an jener Stelle errichtet, wo vor dem Bau des Hauptstupa die Acht Haare Buddhas verwahrt wurden. In der nordöstlichen Ecke stehen die drei **Shwedagon-Inschriften** u des Königs Dhammazedi aus dem Jahr 1485.

Mit 42 t Gewicht und einem Durchmesser von 2,30 m ist die **Maha-Tissada-Glocke** v des Königs Tharawaddy aus dem Jahre 1841 die gewichtigste der Shwedagon. Die Andachtsstelle an der Nordostecke des Stupa ist der Sonne zugedacht. Der Tempel an der Ostseite ist **Kakusandha** w geweiht, dem ersten Buddha der jetzigen Weltzeit. Beidseitig befinden sich die Mond-Andachtsstellen. In einer Nische oberhalb des Kakusandha-Tempels sitzt ein weiterer Wunder wirkender Buddha, der **Tawa Gu** x. Der Zugang erfolgt über die Südseite des Zentralstupas, links neben dem Konagamana-Tempel, und ist nur männlichen Gläubigen gestattet.

Der 1938 erbaute **U Nyo Tazaung** Ⓨ ist nach dem Stifter benannt und enthält geschnitzte Holztafeln mit Darstellungen aus dem Leben des Gautama Buddha. An der Südostecke des Zentralstupas befindet sich die Andachtsstelle für Mars. Den Abschluss des Rundgangs bildet in einer Halle neben dem Südaufgang der goldene **Saetawmu-Buddha** Ⓩ, der Wünsche erfüllen soll.

RUND UM DIE SHWEDAGON

Die **Maha-Wizaya-Pagode** Ⓑ b3 vor dem Südaufgang zur Shwedagon wurde 1980 von General Ne Win gestiftet und ist innen begehbar. In **Bahan,** dem belebten Viertel vor dem Ostaufgang, empfiehlt sich ein Spaziergang durch die Gassen. Die Geschäfte verkaufen vorwiegend religiöse Artikel. An der Arzarni Road, nördlich der Shwedagon, steht das **Märtyrermausoleum** Ⓒ b2 mit

LEGENDE DER SHWEDAGON

Es war schon die vierte Woche nach seiner Erleuchtung angebrochen, als der zum Buddha gewordene Gautama Siddhartha unter einem Rájáyatana-Baum saß und meditierte. Da kamen aufgrund einer Weissagung die beiden Kaufleute Tapussa und Bhallika aus dem fernen Okkala zu ihm, überreichten Reisbrei mit Honigkuchen und baten ihn um Belehrung. Nachdem sie zu Buddhas ersten Laienanhängern geworden waren, schenkte er ihnen zum Abschied acht seiner Haare. Diese bewahrten sie in einer mit Edelsteinen gefüllten Schatulle auf und machten sich mit dem Schiff auf den Heimweg. Unterwegs schenkten sie einem indischen Raja zwei Haare und mussten dem im Meer herrschenden Nagakönig Jayasena zwei weitere abgeben. Endlich erreichten sie ihre Heimat, wo sie von ihrem König Okkalapa und dem Volk feierlich empfangen wurden. Als der König die Schatulle öffnete, waren wie durch ein Wunder alle acht Haare Buddhas wieder vereinigt. Für sie gruben die Bewohner in den Singuttara-Hügel einen Schacht und legten sie mit den Reliquien der drei früheren Buddhas – dem Wasserfilter von Kakusandha, der Robe Konagamanas und dem Stab Kassapas – hinein. Darüber wurden übereinander mehrere Stupas aus Silber, Kupfer, Bronze, Marmor und schließlich aus Ziegelstein errichtet. Am Vollmondtag Tabaung fand die feierliche Einweihung der Pagode statt. Daher begehen die Birmanen bis heute alljährlich zum Vollmond im Februar oder März das Fest der Shwedagon.

Soweit die Legende, wie sie in den Steintafeln des Mon-Königs Dhammazedi von 1485 erzählt wird. Faktisch ist jedoch der Ursprung unbekannt. Vermutlich hat bereits König Anawrahta aus Bagan den Stupa renovieren lassen. Königin Shinsawbu (1453–1472) ließ ihn zum ersten Mal vergolden und sich dafür mit Gold aufwiegen. Ihrem Beispiel folgten spätere Herrscher. Die heutige Gestalt erhielt die Pagode unter dem König Hsinbyushin (1763–1776), der hierfür auch Gold aus dem von ihm 1767 zerstörten Ayutthaya verwendete.

Karte S. 67

den Grabstätten von Aung San und acht Mitstreitern, die 1947 einem Attentat zum Opfer fielen.

ALTSTADT 2

Von der **Sule-Pagode** D b4 legten die Briten das Straßennetz Yangons an. Ihr 46 m hoher vergoldeter Stupa auf der Mittelinsel eines großen Kreisverkehrs bildet noch heute den besten Orientierungspunkt im Herzen der Stadt. Auf dem Platz zwischen der Pagode, dem **Rathaus** und dem **Obersten Gerichtshof** finden häufig Veranstaltungen statt.

Auch für die Gründungslegende der Sule ist Buddhas Haar unverzichtbar. Im Laufe der Zeit vielfach umgebaut, werden ihre Anfänge ins 3. Jh. v. Chr. datiert, als die indischen Mönche Sona und Uttara im damaligen Mon-Staat Thaton missionierten. Der bis fast an die Spitze durchgehaltene achteckige Aufbau des Stupa lässt den starken indischen Einfluss dieser Zeit erkennen, in der Geisterglauben und Astrologie mehr galten als Buddhas Lehre. In den kleinen Kammern der runden Pagodenbasis residieren Astrologen und Handleser.

Der **Mahabandoola-Park** vor der Pagode ist nach einem berühmten General benannt, der im ersten anglo-birmanischen Krieg fiel. Der **Unabhängigkeitsobelisk** E und die fünf ihn umgebenden Säulen symbolisieren die Union von Myanmar: das birmanische Kernland in Harmonie mit den ersten fünf Teilstaaten der Chin, Kachin, Kayin, Kayah und Shan, also einen Traum.

STRAND ROAD

Entlang der Strand Road, die parallel zum Yangon-Fluss verläuft, reihen sich einige prachtvolle Kolonialbauten. Das noble **Strand Hotel** F c4 wurde 1901 von einem der berühmten Sarkies-Brüder eröffnet, denen auch das Raffles in Singapur zu verdanken ist. In der gediegenen Atmosphäre können Sie einen Afternoon Tea im Café genießen.

Ein kleines Stück weiter östlich lohnt ein Besuch der **Botataung-Pagode** G c4 vor allem wegen des begehbaren Stupa. Der ursprüngliche Bau wurde im Zweiten Weltkrieg von einer Bombe getroffen. Aus den Trümmern barg man neben kostbaren Artefakten auch verschiedene Reliquien, die Buddha zugeschrieben werden und später ergänzt wurden durch einen legendären Zahn des Erleuchteten, den Myanmar als Geschenk von China erhielt. Beim Wiederaufbau wurde das Innere hohl belassen, in tortenstückartige Segmente unterteilt und ganz mit Spiegelmosaiken ausgekleidet. Die meisten Fundstücke aus dem Originalbau sind in Schaukästen ausgestellt, nur die Reliquien wurden in einem prächtigen Schrein im Herzen des Baus eingeschlossen.

BOGYOKE-AUNG-SAN-MARKT

H b3/4

Hinter einer breiten, einladenden Kolonialstilfassade an der Bogyoke Aung San Street verbirgt sich die für Touristen wie Einheimische vermutlich zweitgrößte Attraktion Yangons. Auf dem immer noch unter seinem alten Namen »Scott Market«

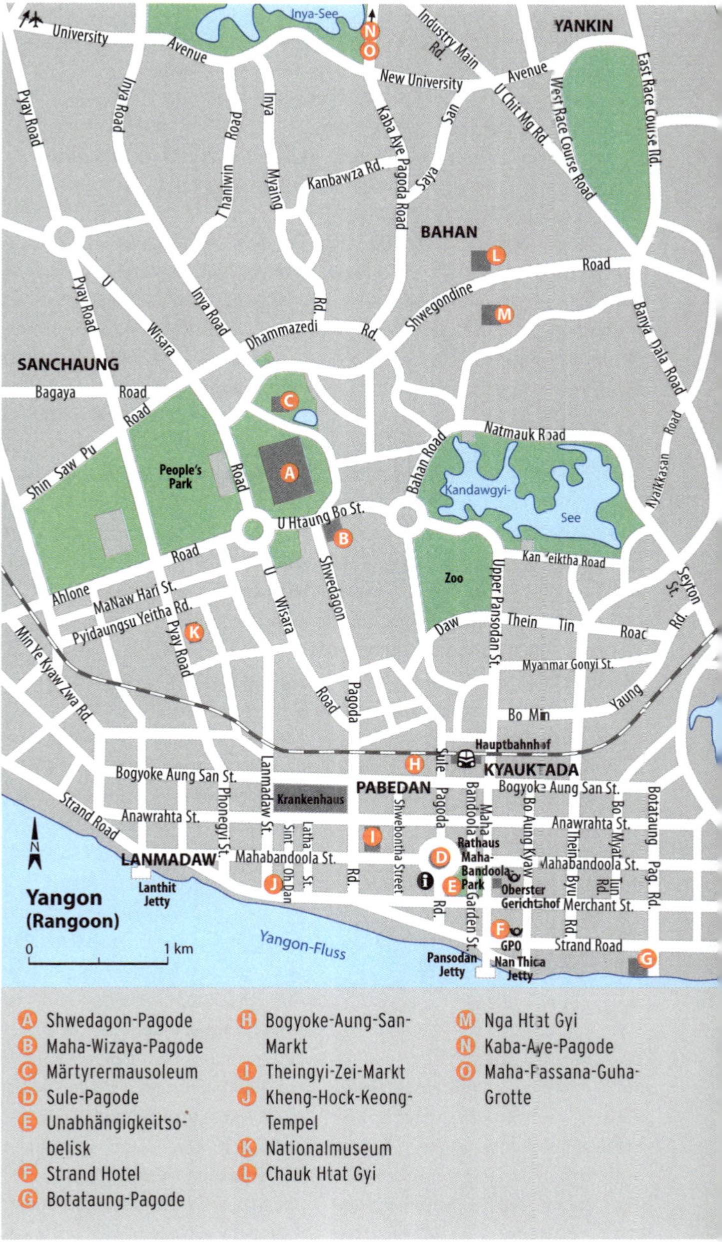

- A Shwedagon-Pagode
- B Maha-Wizaya-Pagode
- C Märtyrermausoleum
- D Sule-Pagode
- E Unabhängigkeitsobelisk
- F Strand Hotel
- G Botataung-Pagode
- H Bogyoke-Aung-San-Markt
- I Theingyi-Zei-Markt
- J Kheng-Hock-Keong-Tempel
- K Nationalmuseum
- L Chauk Htat Gyi
- M Nga Htat Gyi
- N Kaba-Aye-Pagode
- O Maha-Passana-Guha-Grotte

bekannten Einkaufs-Eldorado können Sie von Plunder *made in China* bis zu Mogok-Rubinen so ziemlich alles kaufen, was das Herz begehrt. Abgesehen von einigen typischen Handarbeiten der Minoritäten, erhalten Sie hier Ihren gesamten Souvenir- und Reisebedarf (Di–So 10 bis 17 Uhr). › mehr S. 17 Punkt 30

Wenn Sie hungrig sind, können Sie sich im gegenüberliegenden Einkaufszentrum **Junction Square** mit seinen gut zwei Dutzend Cafés und Restaurants stärken.

LITTLE INDIA UND CHINATOWN

Westlich der Sule-Pagode liegt das Viertel der Inder mit zahlreichen Moscheen, Hindutempeln und Geschäften. Zwischen Anawrahta Road und Mahabandoola Road (Höhe 25th/26th Street) gelangen Sie zum interessanten **Theingyi-Zei-Markt** I b4. Noch etwas weiter beginnt die Chinatown mit einem abendlichen Markt. An der Ecke von Strand Road und Sint Oh Dan Street begrüßt Sie der 1861 von Händlern aus dem chinesischen Fujian gestiftete **Kheng-Hock-Keong-Tempel** J a/b4.

NATIONALMUSEUM

K a3

Zu den vielen sehenswerten Exponaten zählen edelsteinverzierte Waffen und Regalia, das wahre Prunkstück jedoch ist der Löwenthron des letzten birmanischen Königs Thibaw – mit Schnitzerei nach einem legendären Motiv verziert und exqusit lackiert, fein vergoldet sowie beeindruckende 8,10 m hoch (Di–So 10–16 Uhr).

CHAUK HTAT GYI UND NGA HTAT GYI b/c2

In einer unscheinbaren Halle präsentiert sich der liegende Buddha **Chauk Htat Gyi** L mit einer gewaltigen Länge von 70 m. Die 108 Felder an seinen Fußsohlen beschreiben die Kennzeichen eines Buddhas. Die monumentale Figur gehört zu einem großen Kloster und wurde erst 1966 geschaffen. Falls Sie an ungeheuren Proportionen Gefallen finden, sollten Sie ganz in der Nähe eine weitere Pagode besuchen: **Nga Htat Gyi** M nennt einen 10 m hohen sitzenden Buddha ihr Eigen.

IM NORDEN YANGONS

Anlässlich des 2500. Jahrestages von Buddhas Eingang ins Nirwana fand in Yangon die Sechste Buddhistische Synode statt. Für die zwei Jahre dauernde Versammlung (1954–56) wurden eine vollständig neue Pagode sowie eine künstliche Grotte angelegt, die beide wenig spektakulär, aber bei der Bevölkerung beliebt sind. Die **Kaba-Aye-Pagode** N ist hohl, im Innern befinden sich Darstellungen aus dem Leben Buddhas samt Reliquien seiner beiden Schüler Sariputta und Moggalana.

In der sehr karg gehaltenen **Maha-Passana-Guha-Grotte** O versuchten 2500 Delegierte aus aller Welt zum sechsten Male, sich auf

Der liegende Buddha im Kloster Kyauk Htat Gyi

eine endgültige Version der Tripitaka, des heiligen Schriftenkanons der Buddhisten, zu einigen. Heute finden hier u. a. Mönchsprüfungen statt.

INFO

Myanmar Travels & Tours (MTT)

MTT ist die staatliche Tourismusorganisation und die Anlaufstelle für touristische Informationen, jedoch bezüglich Verkehrsverbindungen oder Reisebeschränkungen abseits des touristischen Normalprogramms leider nicht immer auf dem Laufenden. Da ist Vorsicht geboten!

- 118 Mahabandoola Garden St.
  Yangon
  Tel. 01/371286 und 378376
  www.tourism.gov.mm
  Mo–Fr 9–17 Uhr

ANREISE

- **Flughafen:** Die internationale Ankunft im Mingaladon International Airport ist modern und effizient. Er liegt gut 20 km und je nach Verkehr 30 bis über 60 Min. vom Zentrum entfernt. Ein Taxi sollte nicht mehr als 10 000 Kyat kosten. Die besseren Häuser bieten aber ohnehin einen Transfer. Für die Fahrt zum Flughafen sollte man aufgrund des hohen Verkehrsaufkommens mindestens 3 Std. vor dem Abflug losfahren.
- **Bahnhof:** Alle Züge fahren vom Hauptbahnhof in der Innenstadt ab, auch der populäre Circular Train > **S. 70.** Tickets zum regulären Preis werden am besten einen Tag im Voraus gebucht, doch auch wenn Sie kurz vor der Abfahrt des Zuges Ihr Glück am Bahnhofsschalter versuchen, haben Sie gute Chancen.

- **Transport in der Stadt:** Yangon ist viel weitläufiger, als viele nicht maßstabsgerechte Pläne vermuten lassen. Für alle außerhalb des Stadtkerns gelegenen Ziele muss man daher auf Busse oder Taxis zurückgreifen. Yangoner Taxis sind meist an einem Schild erkennbar und können an der Straße angehalten werden. Sie haben keinen Taxameter, die Preise müssen vorab ausgehandelt werden. Eine Fahrt innerhalb des Stadtzentrums sollte nicht mehr als 3000 Kyat kosten.

REISEBÜROS

Golden Clover Travels & Tours

- 48 Gyar Taw Ya Oat Rd.
  Yangon
  Tel. 01/8603244, 8603245
  www.reisen-myanmar.net

Myanmar Shalom

- 70, 31 St., Pabedan | Yangon
  Tel. 01/252814, 377846,
  www.myanmarshalom.com

CIRCULAR TRAIN

Seit der Kolonialzeit verläuft die 46 km lange Yangoner Ringbahn einmal rund um die Stadt herum. Drei Stunden ist man unterwegs, wenn man alle 39 Bahnhöfe passieren will. Das ist jedoch nicht nötig, denn es genügt ein Teilstück, um das Alltagsleben in den Abteilen zu beobachten. Oder auch außerhalb: Sehr schön ist der Markt an der Station Danyingone mit seinen bunten Gemüse- und Obstständen.

HOTELS

Belmond Governor's Residence €€€

Vornehme Teakholz-Villa aus den 1920er-Jahren mit 47 Räumen. Netter Tropengarten, Pool.

- 35 Taw Win Rd. | Yangon
  Tel. 01/229860
  www.governorsresidence.com

The Savoy €€€

Boutiquehotel im Kolonialstil. Pool und die Captain's Bar sind eine willkommene Abkühlung für's Innere und Äußere.

- 129 Dhammazedi Rd.
  Yangon | Tel. 01/526289
  www.savoy-myanmar.com

The Strand €€€

»The finest hostelry East of Suez« birgt 31 Suiten in bezauberndem Ambiente, ein stilvolles Restaurant und die legendäre Sarkies Bar.

- 92 Strand Rd. | Yangon
  Tel. 01/243377
  www.hotelthestrand.com

Best Western Chinatown Hotel €€

Effizient geführtes Mittelklassehotel im Herzen der Downtown mit 91 guten Zimmern und einem passablem Restaurant.

- 127-137 Anawrahta Rd.,
  Ecke Landmadaw Std.
  Yangon
  Tel. 01/251080
  www.chinatownhotelyangon.com

Central Hotel €€

Beliebtes Geschäftshotel mit gutem Service und zentraler Lage unweit des Bogyoke-Aung-San-Markts.

- 335–337 Bogyoke Aung San St.
  Yangon | Tel. 01/241001
  www.centralhotelyangon.com

Myanmars Straßenküche ist nichts für empfindliche Mägen

Hninn Si Budget Inn €
Budgetoption mit 15 glanzlosen Zimmern ohne Bad in zentraler Downtown-Lage.
- 213–215 Botataung Pagoda Rd. Yangon | Tel. 01/203 475 www.hninnsibudgetinn.com

RESTAURANTS

Preiswerte chinesisch-birmanische Küche und Bier vom Fass gibt's in der 19th Street, der »Futtermeile« von Chinatown.

50th Street Bar & Grill €€€
Zeitgeistladen mit internationaler Küche, der ebenso in New York oder Paris stehen könnte. Tadelloses Essen, aber teuer.
- 9–13, 50th St. | Yangon | Tel. 01/397060 www.facebook.com/50thstreetyangon

Burma Bistro €€€
Der schummrige Eingang führt zu einem stilvollen Lokal im Retro-Flair mit guten birmanischen Gerichten.
- 644 Merchant St./Shwe Bon Thar St. Yangon | Mobil 09/401183838 www.facebook.com/theburmabistro

Shwe Sa Bwe €€€
Ausbildungsrestaurant für benachteiligte Jugendliche mit gehobenem kulinarischen Anspruch in netter Villa.
- 20 Malikha St. | Yangon Tel. 01/661983

Danubyu Daw Saw Yee €€
Große Auswahl birmanischer Currys für den Mittagstisch, beliebtes Restaurant.
- 175–177 29th St. | Yangon

Feel Myanmar Food €€
Das populäre und preiswerte Lokal bietet vielerlei birmanischer Currys, dazu Nudelgerichte und die typische *mohinga* zum Frühstück.
- 124 Pyidaungzu Yeiktha Rd. Yangon

Rangoon Tea House €€
Angesagtes Lokal mit kreativer birmanischer Küche, ansprechend zubereitet.
- 77–79 Pansodan St./Merchant St. Yangon | Mobil 09/979078681 www.facebook.com/RangoonTeaHouse

SHOPPING

Hla Day

Ansprechende Qualitätsarbeiten von diversen Sozialinitiativen – von Spielsachen aus Pappmaché über Recycling-Taschen bis zu Biotee und Gewürzen.

- 81 Pansodan St. | Yangon
  Mobil 09/450521184
  www.hladaymyanmar.org

Yangoods

Accessoires mit Myanmar-Motiven im Retrolook.

- Bogyoke-Aung-San-Markt | Yangon
  www.yangoods.com

NIGHTLIFE

Elitär und sehr westlich geht es in den Hotelbars des **Chatrium, Savoy, Strand** und **Sule Shangri-La** zu. Im **GTR Club** (37 Kaba Aye Pagoda Rd.) kann man allabendlich abtanzen. Angesagt sind zudem die **Union Bar & Grill** (42 Strand Rd.), **Off the Beaten Track** (im Kandawgyi Nature Park) und **The Penthouse** (271–273, Bagayar St.).

AUSFLÜGE VON YANGON

THANLYIN UND KYAUKTAN

Das 16 km südöstlich von Yangon gelegene **Thanlyin** 2 D9 war über Jahrhunderte Myanmars Tor zur Welt. Dank einer Brücke über den Bago-Fluss ist der Ort je nach Verkehr in 40 bis 50 Minuten erreichbar. In der einst unter dem Namen »Syriam« bekannten Hafenstadt ließen sich im 16. Jh. die ersten europäischen Händler und Missionare nieder. Der portugiesische Abenteurer Philip de Brito y Nicote etablierte 1603 in Syriam sein kleines privates Königreich und tyrannisierte von hier die ganze Küstenregion. Erst zehn Jahre später gelang es dem König von Toungoo, de Brito gefangen zu nehmen. Er ließ ihn grausam pfählen. Nach der Zerstörung unter Alaungpaya (1756) verlor die Hafenstadt an Bedeutung. Unter den etwa 130 000 Einwohnern sind viele südasiatischer Herkunft, weshalb das Thaipusam-Fest im Februar von den Hindus pompös gefeiert wird. Zu den Attraktionen zählt die auf einem Hügel liegende **Kyaik-Khauk-Pagode,** deren goldener Stupa bis nach Yangon sichtbar ist. Interessanter ist die **Kyauktan-Pagode** 3 20 km südlich von Thanlyin. Das auch Yele Paya (»in der Mitte des Flusses liegend«) genannte Heiligtum steht auf einer Insel und ist per Ruderboot erreichbar.

TWANTE 4 C8

Wenn Sie der Hektik Yangons entfliehen möchten, erkunden Sie per Fahrradrikscha das lebendige, noch recht ländlich geprägte Twante südwestlich von Yangon. Nehmen Sie am Nan Thida Jetty beim Strand Hotel die Fähre nach Dala und fahren von dort mit dem Taxi nach Twante (24 km). Das Städtchen erstreckt sich entlang des Twante-Kanals und ist für die Herstellung von Töpferwaren bekannt. Im Ortsteil Oh Bo können Sie den seit Jahrhunderten praktisch unveränderten Herstellungsprozess beobachten. Hauptattraktion ist die 76 m hohe **Shwesandaw-Pagode,** die der Legende nach seit über 2000 Jahren zwei Haarreliquien Buddhas birgt.

UNTERWEGS IM SÜDEN

BAGO 5 ★ D8

Eine Mon-Legende kündet von einer winzigen Insel im Golf von Mottama. Dank der Verschlammung einer Flussmündung etablierte sich dort spätestens ab dem 9. Jh. eine wichtige Metropole der Mon: Hinthawady. Vom 14. bis ins 16. Jh. war sie die glanzvolle Hauptstadt eines mächtigen Königreiches. Doch der Fluss verschlammte weiter, der Hafen wurde unbenutzbar und die Häuser und Heiligtümer in mehreren Kriegen wiederholt zerstört: Die später von den Briten Pegu genannte Stadt geriet in Vergessenheit. Mittlerweile ist sie Sitz einer Provinzverwaltung und liegt mitten in Nieder-Myanmars Reiskammer, 60 km vom Meer entfernt. Wären da nicht die Relikte seiner großen Vergangenheit, würde Bago auch heute niemand Beachtung schenken.

STADTRUNDGANG

Erst nach der Fertigstellung im Jahre 1954 wurde die **Shwemawdaw-Pagode** mit ihrem knapp 114 m hohen Stupa zur höchsten des Landes. Sie erinnert an die buddhistische Lehre der Vergänglichkeit, denn allein im 20. Jh. fiel sie drei Erdbeben zum Opfer. Ein 1917 abgestürzter Teil der Bananenknospe wurde in den Stupa integriert. Vermutlich stand bereits bei der Stadtgründung im 9. Jh. an dieser Stelle eine Pagode mit zwei Haaren Buddhas. Mächtige weiße Chinthe-Löwen bewachen den Westaufgang, der Sie von der Stadt am schnellsten auf die restaurierte Plattform bringt.

Reisanbau in der Umgebung von Bago

Nach einem Rundgang gelangen Sie über den Ostaufgang zum **Hinthagone-Hügel,** von wo sich ein wunderbares Stadtpanorama bietet. Er ist nach dem Hintha-Pärchen > S. 46 benannt, dessen Rastplatz an dieser einst aus dem Wasser ragenden Erhebung als gutes Omen für die Gründung Bagos galt. Den Vögeln wurde vor dem Zentralschrein der Hinthagone-Pagode ein Denkmal gesetzt. Im benachbarten Nat-Schrein zur Verehrung der Bago Maedaw können Sie mit ein wenig Glück ein Nat-Pwe mit tanzenden Medien erleben.

994 entstand der liegende Buddha **Shwethalyaung.** Mit 55 m Länge wirkt der ins Nirvana eingehende Buddha Bagos sehr lebendig und entspannt. Nach der Zerstörung Bagos 1757 überwucherte der Urwald die Statue. Wiederentdeckt wurde sie 1881 – beim Bau der Bahnlinie – und nach der Rekonstruktion mit einer schützenden Halle aus Eisen versehen. > mehr S. 17 Punkt 31

1476 ließ Bagos bedeutendster Herrscher, König Dhammazedi, die **Kalyani-Sima-Ordinationshalle** bauen, um den in sich gespaltenen Sangha (Mönchsorden) zu vereinen. Zehn Tafeln mit Inschriften in Mon und Pali berichten von dieser Zeit.

Die Geschichte der **Mahazedi-Pagode** gleicht einem buddhistischen Lehrstück über die Vergänglichkeit des Materiellen: 1560 mit unvorstellbarem Aufwand erbaut, um einen Zahn Buddhas zu beherbergen (der kriegsbedingt bald umziehen musste), wurde sie abwechselnd Opfer von Kampfhandlungen und Erdbeben. Erst in den 1990er-Jahren wurde sie endgültig fertiggestellt – vier Jahrhunderte nach dem Verlust der ursprünglichen Bestimmung der Pagode. Quasi als Entschädigung hat man die Mahazedi mit Stufen bis hinauf zur Glocke versehen, von wo aus leider nur Männer den grandiosen Blick über die Ebene wie die Pagodenlandschaft Bagos genießen können.

Die nahe gelegene kleine **Shwegugale-Pagode** überrascht mit einem um die Basis des Stupa laufenden, angenehm kühlen Tunnel, in dem 64 Buddhafiguren sanft lächeln.

Ebenfalls im Jahr 1476 ließ Dhammazedi die **Kyaik-Pun-Pagode** errichten. Vier 30 m hohe Buddhas sitzen Rücken an Rücken nach den Himmelsrichtungen ausgerichtet und blicken stoisch über das weite Land. Die Pagode liegt etwas außerhalb der Stadt an der Straße nach Yangon und wird daher von Rikschafahrern und Pferdekutschern, denen Sie sich für eine Tagestour anvertrauen sollten, gern »vergessen«. Stellen Sie Kyaik Pun daher am besten gleich an den Anfang Ihrer Rundfahrt.

Die spärlichen Überreste eines Palastes aus der Zeit der birmanischen Besatzung im 16. Jh. wurden ausgegraben und der Palast daraufhin nachgebaut. Der neue **Kanbawzathadi-Palast** ist Geschmackssache, sein dazugehöriges Museum allerdings durchaus lohnend (Mi bis So 9–16 Uhr).

HOTEL

Han Thar Gardens €–€€

Weitläufige Anlage und große Zimmer.

- Yangon-Mandalay Rd. | Bago
  Mobil 09/428 177 21 77
  www.hanthargardens.com

RESTAURANT

Hanthawaddy €

Das stilvolle Lokal offeriert gute birmanische und thailändische Gerichte.

- 192 Hintha St. | Shin Sawbu Quarter
  Bago

KYAIK-HTIYO (GOLDENER FELSEN) 6 3 D8

Auf einer flachen Kuppe in 1100 m Höhe, direkt am Rande eines Abgrundes, thront Myanmars sicherlich ungewöhnlichste Pagode, die Kyaik-htiyo. Ein goldener und an der Spitze mit Edelsteinen besetzter Stupa sitzt auf einem gewaltigen, mit Gold bedeckten Felsbrocken. Dass er die Jahrhunderte über an seinem Platz blieb, verdankt er einem Haar Buddhas, eingeschlossen im Stupa. Um das Heiligtum herum spielt sich das birmanische Leben pur ab: Schönheiten lassen sich fotografieren, alte Leute schlafen, die Jungen spielen Chinlon, Frauen erzählen, während ihre Männer (leider dürfen nur sie) zum Granitblock strömen, um ihn mit Blattgold zu bekleben.

Kaum eine Stelle, zu der die fantasievollen Erzähler keine Geschichte parat hätten. Als Ersatz für den im Dunkeln liegenden Ursprung dieses Pilgerortes muss eine kuriose Ge-

Die »balancierende Pagode auf dem Goldenen Felsen«

schichte herhalten: Der legendäre König Tissa habe von einem Eremiten eine Haarreliquie Buddhas unter der Bedingung erhalten, einen seinem Schädel gleichenden Felsblock zu finden. Dies sei dem König mit Hilfe des obersten Nats gelungen, der auf dem Meeresgrund fündig wurde. Andere Legenden ranken sich um die Karen-Prinzessin Shwanankyin.

Schnell vergessen sind die Strapazen des Aufstiegs, wenn Sie sich von der Stimmung gefangen nehmen lassen. Versäumen sie nicht, die quirlige Pilgerstraße seitlich der Plattform mit unzähligen Restaurants und Unterkünften zu besuchen. Insbesondere zu Vollmondnächten im Winter machen sich Abertausende aus allen Landesteilen auf die Pilgerreise hierher.

ANREISE

Lkw mit Holzbänken auf der Ladefläche starten ab dem Basecamp Kinpun in Richtung Goldenen Felsen. Je nach Besucherandrang verkehren sie in dichtem Abstand oder gar nicht – dann hilft nur Chartern. Die Laster fahren bis auf die obere Ebene. Man kann aber das letzte Stück auch zu Fuß gehen (30 bis 40 Min.).

HOTELS

Golden Rock Hotel €€

Guter Standard, aber schlechtere Lage oberhalb des zweiten Base Camp.

- Tel. 057/60491
  Tel. in Yangon 01/527379
  www.goldenrock-hotel.com

Mountain Top Hotel €€

Spartanisch, dafür toller Ausblick und mit ordentlichem Essen. Liegt nicht sehr weit von der Pagode.

- Kontakt wie Golden Rock Hotel
  www.mountaintop-hotel.com

THATON 7 D8

Bereits im 3. Jh. v. Chr. gegründet, war die alte Mon-Stadt vermutlich bis zu ihrer Eroberung durch die Bamar im 11. Jh. Hauptstadt eines Mon-Reiches. Thaton liegt wie

DIE MON

Vermutlich wanderten die Mon vor dem ersten Jahrtausend aus Westchina ein und siedelten in Zentralthailand und an der Küste Süd-Myanmars. Ihre Städte lagen entweder an Flüssen oder am Meer. Sprachlich wird das Volk der Mon-Khmer-Gruppe zugeordnet. Gesichert ist, dass sie bereits sehr früh mit dem Theravada-Buddhismus in Kontakt kamen. Möglicherweise ist das Reich der Mon mit dem in einer srilankischen Chronik erwähnten Land Suvannabhumi (»Goldenes Land«) identisch. Dorthin sollen nämlich bereits im 3. Jh. v. Chr. die beiden indischen Mönche Sona und Uttara gereist sein, um die Lehre Buddhas zu verbreiten.

Handelskontakte nach Rom sind durch Münzfunde belegt, doch der wichtigste Partner im küstennahen Seehandel war zweifellos Indien. Von dort brachten Seefahrer und Mönche neben religiösen Ideen und architektonischen Konzepten auch die Schrift mit. Daraus entwickelte sich die Mon-Schrift und aus dieser wiederum das birmanische Alphabet, nachdem der Bagan-König Anawrahta 1057 das Mon-Reich eroberte.

Heute ist das Volk nur noch eine kleine Minorität. Die birmanischen Eroberer machten ihre Städte dem Erdboden gleich, viele Mon wurden vertrieben oder flohen nach Thailand. Mittlerweile droht den rund 1 Mio. Mon die völlige Assimilation, denn in ihren angestammten Siedlungsgebieten sind sie in der Minderheit und kaum mehr von den Bamar zu unterscheiden. Den bewaffneten Kampf um einen eigenen Staat haben sie bereits vor Jahren aufgegeben.

Der Aufstieg zur Myathabeik-Pagode ist mühsam, aber er lohnt

Bago nicht mehr am Meer, und von seiner Vergangenheit ist praktisch nichts erhalten. Stattdessen empfängt Sie ein angenehm schläfriges, üppig begrüntes Städtchen mit modrigen Villen, alten Teakbauten und einem lebendigen Markt wie eine Insel in der Zeit. Kleiner Tipp: Hier gibt es gute und günstige Longyis.

RUND UM DIE SHWEZAYAN-PAGODE

Im Zentrum der Stadt erhebt sich der massige, vergoldete Stupa der **Shwezayan-Pagode.** Vom Originalbau ist nach zahlreichen Veränderungen leider nichts mehr zu sehen, doch das weitläufige, schöne Gelände mit der angrenzenden **Thagya-Pagode** beherbergt ein kleines Museum, eine große Anzahl von Tafeln mit Mon- und Pali-Inschriften aus dem 12. Jh. sowie eine Bibliothek.

MYATHABEIK-PAGODE

Lange 904 Stufen führen hinauf auf eine Bergkuppe, gekrönt von der Pagode. Die Stufen sind überdacht, sodass Sie den Weg auch bei Regen und Hitze wagen können; unterwegs laden Bänke zur Rast ein, Erfrischungen erhalten Sie an Ständen. Die Schuhe dürfen Sie in der Tasche lassen: Pagodenaufgänge sind auch dann barfuß zu meistern, wenn sie sehr lang sind. Zur Belohnung winkt meditative Stille in einer fast immer menschenleeren Pagode, sodass Sie das Klingeln der Glöckchen wie das Zwitschern der Vögel ungestört genießen können – wie auch die besonders schöne Aussicht am späten Nachmittag auf das palmenbestandene Thaton, die Reisfelder sowie bei klarem Wetter auf den blauen Golf von Mottama (Martaban). Zum Vollmond im Januar/Februar wird drei Tage lang ein buntes Pagodenfestival gefeiert.

HOTEL

Tain Pyar Guest House €

Freundlich geführtes Haus mit 23 Zimmern.

• 381 Hospital St. | Thaton | Tel. 057/40036

RESTAURANT

Yangon €

Uriges Gasthaus mit birmanischen und chinesischen Speisen.

• A Ledan St. | Thaton

HPA-AN 8 ★ D8

Die Hauptstadt des Kayin-Staates liegt am Thanlwin-Fluss an der Straße in Richtung Thailand. Abgesehen von ein paar wenigen Pagoden – wie etwa die **Shwe Yin Myaw** am Ostufer – besitzt sie keine nennenswerten Sehenswürdigkeiten, doch ist sie ein guter Ausgangspunkt für Ausflüge zu den landschaftlichen Attraktionen in der Umgebung, darunter interessante Höhlen und Karstberge.

ANREISE

Zwischen Hpa-an und Mawlamyine empfiehlt sich eine etwa zweistündige Fahrt mit dem Charterboot auf dem Thanlwin.

HOTEL

Hpa-an Lodge €€€

Schicke Bungalowanlage mit Ethno-Touch in schöner Karstlandschaft.

DIE KAREN (KAYIN)

Die facettenreichste der großen Völkergruppen des Landes wird von der Regierung auf birmanisch Kayin genannt – ein Name, der auf wenig Gegenliebe stößt. Trotz ihres gemeinsamen Ursprungs, der in Westchina vermutet wird, zerfallen die Karen heute in etwa 20 Stämme mit sehr unterschiedlicher Sprache, Kultur und Kleidung. Während die Pwo Karen mehrheitlich in städtischen Gemeinschaften des Ayeyarwady-Deltas leben, von den Bamar kaum noch zu unterscheiden und wie diese meist Buddhisten sind, haben sich die Sgaw Karen, die Pa-O, die Kayah oder Karenni (»Rote Karen«) sowie die Karennet (»Schwarze Karen«) in Dörfern oder abgeschiedenen, winzigen Siedlungen in mittleren Berglagen entlang der thai-birmanischen Grenze niedergelassen und sind entweder zum Christentum bzw. Buddhismus konvertiert oder Animisten geblieben. Aus ihren Reihen rekrutieren sich die berühmtesten Elefantenreiter *(oozies)* des Landes.

Nach der Unabhängigkeit Myanmars bestanden die Karen auf zwei eigenständigen Staaten: Kawthoolei und Karenni. Die Autonomie wurde ihnen jedoch verwehrt, und bereits seit 1949 leisten sie bewaffneten Widerstand. Doch sie vermochten sich nie wirklich zu einigen und leiden zudem unter Machtkonflikten zwischen Buddhisten und Christen.

Das auffälligste Produkt der Karen ist eine grob gewebte, entlang der Säume mit Fransen versehene, grellbunte Tunika, die landesweit auch von anderen Volksgruppen gern getragen wird.

- Am Fuß des Zwe-Kabin | Hpa-an
  Mobil 09/5005990
  www.hpa-an-lodge.com

RESTAURANT

San Ma Tau (World Gate) €
Gute Currys, u. a. mit Flußgarnelen.
- 1/290 Bogyoke Rd | Hpa-an

AUSFLÜGE VON HPA-AN

Im Süden der Stadt erhebt sich inmitten von Reisfeldern der eigentümlich geformte, fast 700 m hohe **Zwe-Kabin-Berg** mit einem buddhistischen Heiligtum auf seinem Gipfel. Der mühsame Aufstieg dorthin wird nach zwei Stunden mit einem herrlichen Panorama belohnt.

Etwa 20 km in Richtung Thaton zweigt ein Weg zu einem Kloster ab, von dem aus Sie die etwas erhöht liegende, 200 m lange **Bayin-Nyi-Höhle** besuchen können. Wenn der Stromgenerator funktioniert, können Sie die zahlreichen Buddhafiguren im Inneren bestaunen – falls Ihnen die Füße nicht schmerzen, denn man darf nur barfuß hineingehen. Das gilt auch für die hallenartige **Kaw-Gun-Höhle,** die nur 6 km von Hpa-an jenseits des Thanlwin liegt. Die Schmerzen sind jedoch schnell vergessen, wenn Sie die 10 000 Buddhareliefs aus Ton an den Felswänden sehen. Sie sollen aus dem 15. Jh. stammen.

Eines der kuriosesten Heiligtümer erhebt sich 10 km südwestlich von Hpa-an: **Kyaukkan Lat.** Ein Fels, der sich wie eine verdickte Nadelspitze in den Himmel erstreckt – natürlich mit vergoldetem Stupa oben drauf – und sich zum Ende der Regenzeit wunderbar im umgebenden Wasser spiegelt.

MAWLAMYINE 9 ★ D9

»By the old Moulmein Pagoda, looking lazy at the sea …« dichtete einst Rudyard Kipling in seinem wehmütigen Lied »Road to Mandalay«. Noch heute werden nostalgische Erinnerungen wach, wenn man die von Kolonialhäusern gesäumten Straßen von Mawlamyine entlangschlendert. Die Hauptstadt des Mon-Staates liegt von Bergen umrahmt an der Mündung der Flüsse Thanlwin und Gyaing in den Golf von Mottama (Martaban). Bereits vor über 2000 Jahren war sie ein wichtiges Handelszentrum der Mon und wurde häufig erobert. Lange Zeit stand sie unter Kontrolle der Siamesen, 1826 errichteten die Briten hier ihre erste Kolonialverwaltung.

STADTRUNDGANG

Von einer Hügelkette, die sich hinter der Stadt parallel zum Thanlwin entlangzieht, bietet sich eine hervorragende Sicht auf Fluss und Stadt.
› mehr S. 12 Punkt 3

Oben reihen sich Pagoden, Stupas und Andachtsstätten aneinander. Sie beginnen im Norden mit der **Maha-Myat-Muni-Pagode,** deren zentraler Buddha dem Mahamuni-Buddha in Mandalay ähnelt. Er trägt eine Krone sowie über Brust und Bauch laufende Gurte aus Gold und mit Edelsteinen verziert.

Die nahe **Kyaik-Thanlan-Pagode** zählt zu den hübschesten Sakralbauten der Region. Von einer Befestigungsmauer umgeben, umfasst der Komplex zahlreiche Holzgebäude des 18. und 19. Jhs., in Rot und Gold lackiert, teilweise von fantasievoll gearbeiteten, vielstufigen Dächern bekrönt. Schön ist der Blick über den Thanlwin-Fluss. Ein überdachter Zugang auf der Südseite führt zum **Seindon-Mibaya-Kloster** mit tollem Palastinterieur und wunderschönem Schnitzwerk, das eine der Gattinnen König Mindons nach ihrer Flucht hierher Ende des 19. Jh. stiftete. > **mehr S. 16 Punkt 24**

Weiter nach Süden überqueren Sie eine kleine Straße und gelangen dann zur **U-Zina-Pagode**, die den Symbolen von Verfall und Entsagung in der Form des Alten, des Kranken, des Toten und des Asketen gewidmet ist.

In den dunklen Gassen der Altstadt mit ihren dicht gedrängten Holzhäusern spielt sich das urbane Leben der Mon ab – besuchen Sie unbedingt eine der **Teestuben**. Das Gleiche gilt für den quirligen **Markt**.

Das **Mon Cultural Museum** zeigt Trachten und Gebrauchsgegenstände (Di–So 9.30–16 Uhr).

HOTELS

Mawlamyaing Strand Hotel €€
Schickes Geschäftshotel mit Flussblick und 57 Zimmern, die allerdings gen Rückseite ausgerichtet sind.
- Strand Road | Mawlamyine
  Tel. 057/25624

Cinderella Hotel €
Das Hotel liegt zentral in der Stadt, die 22 Zimmer mit Myanmar-Dekor sind ansprechend eingerichtet.
- 21 Baho Rd. | Mawlamyine
  Tel. 057/24860 | www.cinderellahotel.com

Der liegende Buddha von Mudon

AUSFLÜGE VON MAWLAMYINE

Die folgenden Orte können im Rahmen eines Tagesausflugs von Mawlamyine aus besucht werden.

MUDON 10 D9

Eine Guinnessbuch-verdächtige Darstellung des Erleuchteten befindet sich nahe Mudon, etwa 30 km südlich von Mawlamyine. Dort schmiegt sich seit 1991 der mit 180 m weltweit größte liegende Buddha an einen Berghang. In dessen Körper befinden sich mehr als 180 Räume mit buddhistischen Reliefs und Statuen. Die Initiative des noch unfertigen Projektes geht auf den 2015 verstorbenen Win Sein Tawya Sayadaw zurück.

KYAIKHAMI 11 D9

Im einst »Amherst« genannten Badeort steht der **Yele-Paya-Buddha.** Als der König von Sri Lanka 1418 eine gute Tat verrichten wollte, so die Legende, ließ er vier Buddhastatuen auf Flößen aufs Meer setzen. Sie sollten am Ort ihrer Landung zur Verankerung des Buddhismus beitragen. Die erste landete in Kyaikhto, die zweite in Dawei, die dritte in Pathein und die vierte in Kyaikhami.

SETSE 12 D9

Der breite Strand von Setse, 60 km südlich von Mawlamyine, war schon bei den Kolonialoffizieren beliebt: mehrere Kilometer von Kokospalmen und Kasuarinen gesäumter Sand – und weit und breit kein Tourist, aber leider auch keine Unterkunft mit Ausländerlizenz.

THANBYUZAYAT 13 D9

Hier endete die 1943 fertiggestellte, sogenannte »Todesbahn«, die von Thailand am River Kwai entlang nach Myanmar führte. Zehntausende Kriegsgefangene kamen beim Bau der Bahn ums Leben. 3771 von ihnen sind auf dem Alliiertenfriedhof bestattet. Die Reste der Bahnlinie sowie eine alte japanische Dampflokomotive können Sie im Museum südlich des Stadtzentrums besichtigen.

DAWEI 14 E10

Die hübsche Stadt mit viel tropischem Kolonialflair ist ein wahres Schmuckstück, weshalb sie trotz fehlender Sehenswürdigkeiten ein durchaus lohnenswertes Ziel ist.

Der herrliche Strand von Maungmagan, 45 Fahrminuten nordwestlich von Dawei, ist die Hauptattraktion in der Umgebung: Kilometer feiner Sand, sich endlos aneinanderreihende Buchten, hier und dort ein Fischerdorf. In den Lokalen bekommt man gutes Seafood serviert.

DAWEI PENINSULAR

Wie ein Finger ragt die Halbinsel von Dawei ins Meer und ist mit ihren Buchten und bewaldeten Hügeln das Richtige für Entdecker. Wegen der schlechten Wege sind viele Orte nur per Moped zu erreichen. Beliebtes Ziel ist die Shin Maw-Pagode am Südzipfel der Halbinsel.

ANREISE

Von Yangon bestehen regelmäßige Flugverbindungen nach Dawei. Mit Bussen und Vans kommt man gen Norden nach Mawlamyine und teilweise weiter bis Yangon, gen Süden nach Myeik > S. 82.

HOTELS

Garden Guest House €
Freundliches Gästehaus in einem alten Kolonialgebäude mit modernem Anbau.
- 88 Ye Rd. | Dawei | Tel. 059/22116

Golden Guest Hotel €
Das vierstöckige Mittelklassehotel bietet 40 komfortable Zimmer und von seinem Restaurant einen schönen Rundblick.
- 59 Myote Dwin St. | Dawei | Tel. 059/21351

Myanmar Paradise Beach Bungalows €
Zehn Holzbungalows mit großer Veranda verteilen sich am Strand.
- Sa Sar Aw Beach | Dawei Peninsular
  Mobil 09/49851256
  www.myanmarparadisebeach.com

MYEIK 15 E11

Die von Einheimischen Beik und unter den Kolonialherren einst Mergui genannte Hafenstadt war über Jahrhunderte hinweg ein wichtiger Zwischenstopp für die Handelsschiffe zwischen Indien und China. Geschützt von einigen vorgelagerten Inseln erstreckt sich die Stadt entlang der Mündung des Tanintharyi-Flusses. Ihre mehr als 270 000 Einwohner leben vom natürlichen Reichtum der Küstenregion – vor allem von Meeresfrüchten, Kautschuk und den in Ostasien beliebten Schwalbennestern. Hauptsehenswürdigkeit ist die am Berg gelegene **Theindawgyi-Pagode.**

ANREISE

Per Flugzeug, Minibus oder Schnellboot aus Dawei oder Kawthoung.

HOTELS

Eain Taw Phyu Hotel €€
Charmantes Hotel mit 26 Zimmern, Spa und Pool im Zentrum von Myeik.
- 42 Kan Phyar Rd. | Myeik | Tel. 059/42055
  www.facebook.com/EainTawPhyu

Hotel Grand Jade €
Zentral gelegene Unterkunft mit Dachterrasse samt Blick über die nächstgelegenen Inseln.
- 28–30 Baho Street | Myeik
  Tel. 059/42197
  www.facebook.com/hotelgrandjade

MYEIK-ARCHIPEL

16 ★ E11

Myeik, Kawthoung sowie das thailändische Phuket sind Ausgangspunkte für die Erkundung des 36 000 km² großen Archipels. Mit über 800 Inseln, fantastischen Tauchgründen, tiefgrünen Mangrovenwäldern und undurchdringlichen Dschungellandschaften zählt er zu den faszinierendsten Meereslandschaften Asiens. Nur wenige Inseln des Gebiets sind bewohnt, meist von Moken (birm. Salon), einem Seenomadenvolk, das vom Fischfang, Schwalbennest-Handel und Perlentauchen lebt. **Lampi Kyun,** mit 90 km Länge und 8 km

Breite eine der größten Inseln, zählt mit schönen Sandstränden und einem artenreichen Dschungel zu den reizvollsten Orten Süd-Myanmars. Sie können den Archipel nicht auf eigene Faust erkunden. Holen Sie vorher bei spezialisierten Veranstaltern die Angebote ein › unten.

KAWTHOUNG 17 E13

Nur durch die breite Mündung des Pakchan-Flusses ist Kawthoung – früher Victoria Point – vom thailändischen Grenzort Ranong getrennt und daher ein beliebter Ort für Schmuggler, Händler und Glücksspieler. Ausländische Touristen können hier ein- und ausreisen. Am südlichsten Zipfel des kleinen Hafens steht eine Statue des Königs Bayinnaung mit gezücktem Schwert – was die thailändischen Nachbarn nicht gern sehen, denn schließlich okkupierte der Herrscher im 16. Jh. weite Teile ihrer Heimat. Der Ort selbst bietet außer Shopping kaum Attraktionen, weshalb die meisten Touristen gleich weiter auf eine der nahegelegenen Inseln fahren.

Exotische Unterwasserwelt im Myeik-Archipel

HOTEL

Victoria Cliff Hotel & Resor €€
Das stilvolle Resort liegt auf einem Hügel 6 km nördlich von Kawthoung und bietet schönen Meerblick.

- 1 Bogyoke Rd.
  Tel. 059/51656, Mobil 09/253869977
  www.victoriacliff.com

TAUCHTOUREN

Je nach Veranstalter ist man auf komfortablen Jachten zwischen 5 und 12 Tagen unterwegs. Angesteuert werden nahezu unberührte Tauchgründe in bis zu 40 m Tiefe, wo es neben bunten Fischschwärmen auch Haie, Adlerrochen und Mantas zu sehen gibt. Zu den bekanntesten Revieren zählen die Great Western Torres und Northern Little Torres, der Black Rock, die Nar-Nat-Three-Insel, Shark Cave und Western Rocky, ein unter der Insel hindurchführender Tunnel.

- **Mergui Princess** 99 U Chit Maung Rd./ R Zar Ni St. | Bahan | Yangon | Tel. 01/401261 | www.merguiprincess.com
- **Moby Dick Tours** 89–91, 32nd St | Yangon | Tel. 01/380382 | www.islandsafarimergui.com

ZENTRAL-MYANMAR

Auf einem Vulkankegel beim Mount Popa thront die Tuyin-Taung-Pagode

ZENTRAL-MYANMAR | 85

In den weiten Ebenen Zentral-Myanmars reihen sich die geschichtsträchtigsten Orte des Landes wie Perlen einer Kette entlang des Flusses Ayeyarwady und zeugen von Myanmars wechselvoller Vergangenheit.

Im Gegensatz zur Küste und zum Delta wirkt die Landschaft in Zentral-Myanmar eher karg. Dies liegt daran, dass die Niederschläge selbst während der Regenzeit von Juni bis Oktober nur unregelmäßig niedergehen – nicht einmal 1000 mm sind es im Jahr. Verantwortlich dafür sind die bis zu 3000 m hohen Berge des Rakhine Yoma, die sich entlang der Westküste erstrecken und die schweren Regenwolken abhalten.

Auf dem Weg von Yangon nach Bagan kommt man durch **Pyay,** in dessen Nachbarschaft **Thayekhittaya** liegt. Der Ort war im ersten Jahrtausend die bedeutendste Metropole der Pyu. Nächste Station ist die Provinzhauptstadt **Magwe.**

Sie lieben urige Holzklöster unter Palmen? Dann fahren Sie zwischen Magwe und Bagan entlang der Westseite des Ayeyarwady. Dort werden Sie in den Orten **Salin, Legaing** und **Sagu** fündig. Ein schöner Tagesausflug führt in die Klosterstadt **Sale** und weiter zum »Blumenberg«, **Mount Popa,** der Heimat der Nats. Die Monumente **Bagans** konnten über Jahrhunderte ihren Zauber bewahren und sind UNESCO-Weltkulturerbe. Typisch birmanischem Leben begegnen Sie in weiteren Städten am Ayeyarwady. Sie sind allesamt arm an Sehenswürdigkeiten, dafür reich an Atmosphäre: **Pakokku,** 30 Fahrminuten nordwestlich von Bagan ist berühmt für seine Mönchsuniversitäten.

Fast 300 km weiter nördlich liegt ebenfalls am Lebensstrom Myanmars die zweitgrößte Metropole: **Mandalay**. Die unzähligen Tempel und die Mauern des ehemaligen Palastes sind bleibende Erinnerungen an Myanmars letzte Könige, die hier knapp 30 Jahre residierten. In der Umgebung Mandalays rühmen sich drei Orte als einstige Residenzen der Monarchen: **Amarapura**, eine der wichtigsten Produktionsstätten für Longyis; **Inwa,** über 400 Jahre der politische Nabel Myanmars, heute ein ländlicher Flecken; und **Sagaing** mit Hunderten von Nonnen- und Mönchsklöstern.

Chinte-Löwenfigur an der Pagode von Inwa

TOUREN IN ZENTRAL-MYANMAR

TOUR 3

MYANMARS KULTURELLES HERZ

Yangon > Pyay > Magwe > Bagan

TOUR 4

WESTLICH DES AYEYARWADY

Bagan > Pakokku > Monywa > Sagaing > Mandalay

TOUREN IN DER REGION

TOUR 3

MYANMARS KULTURELLES HERZ

ROUTE: Yangon › Pyay › Magwe › Bagan

KARTE: Seite 86
LÄNGE: 700 km
DAUER: 4 Tage
PRAKTISCHE HINWEISE:

- Für diese Fahrt benötigen Sie einen Mietwagen mit Fahrer.
- Die Strecke Yangon–Pyay ist sehr gut ausgebaut, ab Pyay wird es schlecht.
- Zwischen Magwe und Bagan empfiehlt sich die Route westlich des Ayeyarwady.

TOUR-START:

Von **Yangon** › S. 60 fahren Sie ins 288 km nördlich gelegene **Pyay** 1 › S. 88, bekannt wegen seiner wunderschönen Shwesandaw-Pagode, noch mehr aber wegen der Ruinen der alten Pyu-Stadt Thayekhittaya (Sri Ksetra). Am nächsten Tag benötigen Sie für die 244 km lange Strecke nach **Magwe** 2 › S. 89 gutes Sitzfleisch. Am 3. Tag sollten Sie über die Brücke nach Minbu weiterfahren und die parallel zum Ayeyarwady führende Route nach Norden nehmen, um die interessanten Holzklöster in **Sagu** 4, **Legaing** 5 und **Salin** 6 › S. 90 zu sehen. Über die Brücke bei Chauk überqueren Sie den Ayeyarwady wieder und besuchen das 8 km südlich von Chauk gelegene **Sale** 8 › S. 98 mit seinen sehenswerten Sakralbauten. Nur 40 km nördlich davon erstreckt sich das Pagodenfeld von **Bagan** › S. 90.

TOUR 4

WESTLICH DES AYEYARWADY

ROUTE: Bagan › Pakokku › Monywa › Sagaing › Mandalay

KARTE: Seite 86
LÄNGE: 430 km
DAUER: 3 Tage
PRAKTISCHE HINWEISE:

- Für diese Strecke empfiehlt sich ein Mietwagen mit Fahrer.
- Alternativ zur Autofahrt können Sie auch zunächst per Charterboot (2 Std.) nach Pakkoku reisen.
- Insgesamt sind die Straßen für birmanische Verhältnisse in Ordnung.

TOUR-START:

Wenn Sie sich von den Klöstern und Pagoden **Bagans** 7 › S. 90 losreißen können, geht die Reise zunächst nach **Pakokku** 10 › S. 99 auf der anderen Flussseite. Nach einer kurzen Besichtigungstour können Sie direkt weiter in die aufstrebende Handelsstadt **Monywa** 11 › S. 102 fahren (240 km, 4–5 Std.). Den 2. Tag verbringen Sie mit Besichtigungen rund um die Stadt am Chindwin-Fluss, etwa der interessanten Höhlen von Hpo Win Daung › S. 102. Am 3. Tag fahren Sie weiter nach Mandalay. Auf dem Weg dorthin besuchen Sie **Amarapura** 14 › S. 108, das Zentrum der Longyi-Produktion, genießen dem Blick vom Hügel in Sagaing › S. 108 und machen eine Kutschfahrt in **Inwa** 15 › S. 108, bevor Sie **Mandalay** 12 › S. 102 erreichen.

UNTERWEGS IN DER REGION

PYAY 1 C7

Spätestens beim Sonnenuntergang an der vergoldeten Shwesandaw-Pagode werden Sie froh sein, in der ansonsten wenig interessanten Stadt am Ayeyarwady einen Halt eingelegt zu haben: Der Sakralbau zählt zu den schönsten in Zentral-Myanmar. Zwei riesige Chinte-Löwen am Nordaufgang lassen keinen Zweifel an ihrer Wächterfunktion: Sie tragen die grotesk dargestellten Kadaver eines Tigers und eines Krokodils im Maul. Der Rundgang zwischen den Schreinen entlang der Außenmauer führt um einen Kranz aus Buddhastatuen und mit goldenen *htis* (Schirmen) gekrönten kleinen Stupas um die Basis.

THAYEKHITTAYA (SRI KSETRA) ★

Etwas außerhalb Pyays stehen die imposanten Überreste des religiösen und politischen Zentrums der untergegangenen Pyu, die bereits lange vor den Bamar in der Region herrschten. Die kegelförmige **Payagyi**, die »Große Pagode«, thront stattliche 50 m hoch an der nördlichen Ausfallstraße wie ein monströser Karamellpudding. Die elegantere, aber genauso massige **Payama** ragt einige Kilometer weiter, abseits der Straße, aus den Reisfeldern.

Ein abzweigender Weg zwischen beiden Kolossen führt zu einem kärglichen **Museum** mit Ausgrabungsstücken der Pyu-Kultur. Per Ochsenkarren können Sie sich zu weiteren, zwischen Büffelsuhlen und ausgedehnten Baumwollfeldern versteckten Monumenten bringen lassen: Die 45 m hohe, zylindrische **Bawbawgyi** gemahnt in ihrer plumpen Form an einen Wehrturm des europäischen Mittelalters. Die deutlich kleinere, würfelförmige **Be-Be-Pagode** direkt nebenan trägt einen konischen Aufsatz, ein Konzept, das wohl den wichtigsten Bauten Bagans als Vorbild gedient hat. Ein Stück weiter steht der **Lemyethna**, ein flacher, halbkugeliger Bau. Die Pagode wird im Innern von einem mächtigen Pfeiler getragen, an dessen vier Seiten noch die Reste von Buddhareliefs zu erkennen sind.

Die Pyu-Monumente werden in die Zeit vom 3. bis zum 9. Jh. datiert.

HOTELS

Mingalar Garden Resort €€

Hübsche Bungalowanlage an einem See.

- Tel. 053/28661 | außerhalb von Pyay
  www.mingalargardenresort.com

Lucky Dragon Hotel €

An der Uferstraße gelegen, birgt es 30 moderne und wohnliche Zimmer.

- 772 Strand Rd. | Pyay
  Tel. 053/242222

RESTAURANT

Mey Wet War Restaurant €

Beliebtes Lokal mit guter Landesküche. Englisch sprechende Bedienung.

- gegenüber der Post | Pyay

MAGWE 2 C6

Die Hafenstadt am Ayeyarwady eignet sich als Übernachtungsstopp auf der Fahrt zwischen Yangon und Bagan. Schlendern Sie entlang der **Strand Road** am Fluss, besuchen Sie den lebendigen **Myoma-Markt** oder lassen Sie sich gefangen nehmen von der herrlichen Abendstimmung rund um den vergoldeten Stupa der im 11. Jh. gestifteten **Mya-Tha-Lun-Pagode** im Norden. Sie stammt der Legende nach von zwei Dämonen, um dort Buddhas Smaragd-Couch aufzubewahren.

HOTEL

Phtein Htein Thar Hotel €€

Zentral gelegene, kompakte Bungalowanlage mit Garten und Pool. 50 wohnlich gestaltete Zimmer.

- 10 A Natmauk Rd. | Magwe | Tel. 063/25110

MINBU 3 C6

Hinter Magwe können Sie über eine Brücke die Flussseite wechseln und nach Minbu weiterreisen, das in erster Linie wegen seiner Schlammvulkane bekannt ist.

Feine Schnitzereien am Holzkloster in Sagu

Karte S. 86

SAGU 4 C6, LEGAING 5 D6 UND SALIN 6 C6

Sollten Sie per Mietwagen unterwegs sein, können Sie die Route entlang der westlichen Ayeyarwady-Seite nach Bagan wählen, denn dort gibt es einige interessante Holzklöster zu sehen, etwa in **Sagu,** das dank eines ausgeklügelten Bewässerungssystems auch ein prosperierender Ort ist. Im 19. Jh. war hier ein Zentrum buddhistischer Gelehrsamkeit. Daran erinnert noch der Maha Dhammikayama Kyaung, heute eine aktive Mönchsschule, und einige hundert Meter weiter östlich der 1886 erbaute **Hman Khin Youk-soun Kyaung** mit herrlichen Schnitzarbeiten an den Balustraden. **Legaing,** ein kleiner Weiler einige Kilometer weiter, birgt mit dem 1891 gestifteten Youk-soun Kyaung ein weiteres Holzkloster, das jedoch schon ziemlich zerfallen ist. In **Salin** steht seit 1868 der **Myaw Hlesin Kyaung** südlich eines Sees mit schönen Holzschnitzereien an der Verandabalustrade.

SEHENSWERTE HOLZKLÖSTER

- In Salin empfiehlt sich ein Besuch des **Myaw Hlesin Kyaung.** › S. 90
- Auch der **Hman Khin Youk-soun Kyaung** in Sagu › S. 90 birgt feinstes Schnitzwerk.
- In Alt-Bagan liegt der **Nat Htaung Kyaung** versteckt in einem lauschigen Garten. › S. 93
- Als Museum für Buddhafiguren dient der **Youk-soun Kyaung** in Sale. › S. 98
- Der **Bagaya Kyaung** in Inwa ruht auf 267 mächtigen Teakholzsäulen. › S. 109
- Der **Shwe Yan Bye Kyaung** bei Nyaung Shwe am Inle-See ist mit seinen ovalen Öffnungen ein beliebtes Fotomotiv. › S. 116

BAGAN 7 ★4 C6

In einer beispiellosen Bauwut errichteten die Bamar vom 11. bis 13. Jh. unzählige Klöster und Pagoden. Heute sind davon »nur« etwa 3000 erhalten – in ihrer Gesamtheit immer noch die bedeutendsten Zeugnisse birmanischer Kultur. Bagan wurde schon vor langer Zeit aufgegeben. Die Häuser und Paläste, einst sämtlich aus Holz und Bambus gebaut, sind restlos verschwunden. Die gemauerten Sakralbauten wurden 1975 und 2016 bei Erdbeben beschädigt, seitdem jedoch weitgehend restauriert. Die fantastischen Monumente, Inbegriff des Nationalstolzes und größte Touristenattraktion des Landes, stehen in einer weiten Ebene östlich des Ayeyarwady verlassen inmitten karger Felder, auf denen Ziegen- und Rinderherden weiden. Die roten Ziegelbauten fangen auf der rötlichen Erde atemberaubende Sonnenauf- und -untergänge ein. Um die einmalige Stimmung dieses architektonischen Weltwunders am Ayeyarwady zu erleben, sollten Sie sich genügend Zeit lassen.

Pagoden bis zum Horizont – im Zentrum der Dhammayangyi

GESCHICHTE

Vermutlich im ersten Jahrtausend von den Pyu besiedelt, schloss die Niederlassung wohl einen Bund mit dem damals viel bedeutenderen Sri Ksetra › S. 88. Die Errichtung der teils noch erhaltenen Stadtmauern ist für 849 verbürgt, als die Bamar die Region zu dominieren begannen. Ihr erster bedeutender König, Anawrahta, wurde im 11. Jh. wohl von einem Mon-Lehrer zum Buddhismus bekehrt. Anawrahta verhandelte mit der Mon-Stadt Thaton um die Überlassung des buddhistischen Kanons, der Tripitaka. Als er keinen Erfolg sah, griff der glühende Verehrer Buddhas zum unbuddhistischsten aller Mittel: dem Krieg. Nach der Zerstörung Thatons ließ er Schriften samt König und Handwerker der Mon in das damals noch unscheinbare Bagan bringen.

Unter ihm und seinen Nachfolgern entwickelte sich die Stadt während der nächsten 200 Jahre zu einer der herrlichsten Metropolen Asiens, in der sich Architektur der Pyu und Kunstschaffen der Mon vollendet ergänzten.Doch im Jahr 1287 war Bagans Schicksal besiegelt: Gegen die Truppen Kublai Khans war es nicht zu halten. Die Mongolen, selbst Buddhisten, fügten dem Wunderwerk zwar keinen Schaden zu, doch konnte keines der späteren Reiche Myanmars den Aufwand zur Erhaltung der Bauten leisten, sodass ihnen erst in der Gegenwart wieder Würdigung zuteil wird. Während einige zentrale Bauten mit internationaler Hilfe sehr gelungen restauriert wurden, ließ die Militärjunta an den weniger wichtigen Bauwerken planlos Handwerker arbeiten, deren »Neuschöpfungen« scheußlich aussehen.

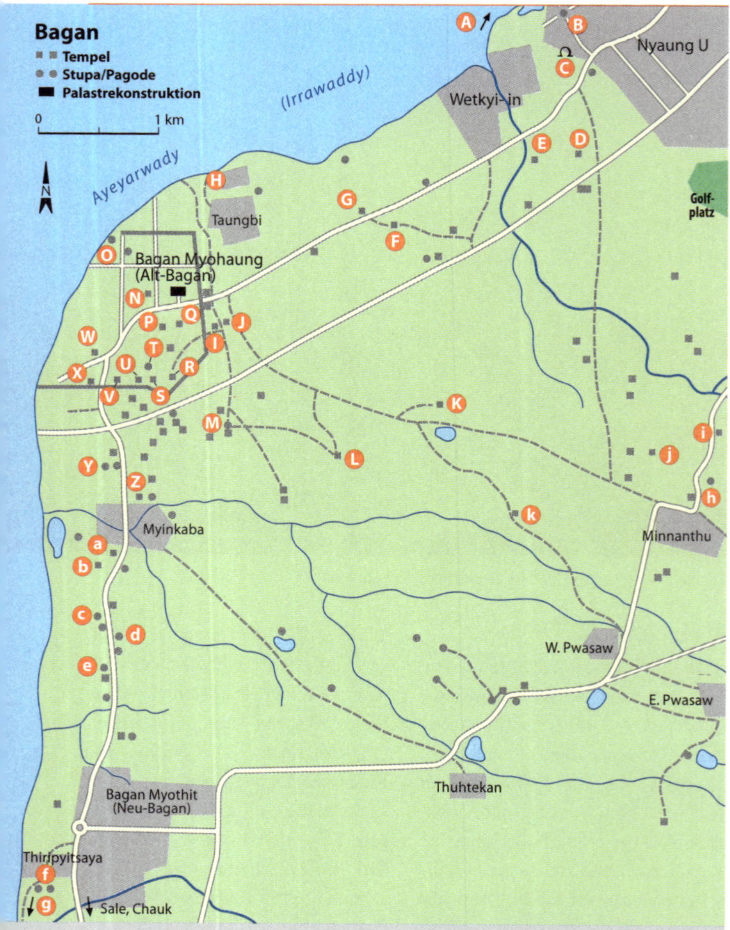

- A Kyauk-gu Umin
- B Shwezigon
- C Kyanzitta Umin
- D Wetkyi-in Gubyaukgyi
- E Gubyauknge
- F Htilominlo
- G Upali Thein
- H Nat Htaung Kyaung
- I Ananda Ok-Kyaung
- J Ananda
- K Sulamani
- L Dhammayangyi
- M Shwesandaw
- N Maha Bodhi
- O Bupaya
- P Shwegugyi
- Q Pitaka Taik
- R Thatbyinnyu
- S Nathlaung Kyaung
- T Ngakywenadaung
- U Pahtothamya
- V Mimalaung Kyaung
- W Gawdawpalin
- X Museum
- Y Mingalazedi
- Z Myinkaba Gubyaukgyi
- a Manuha Paya
- b Nanpaya
- c Abeyadana
- d Nagayon
- e Somingyi Ok-Kyaung
- f East & West Petleik
- g Lawkananda
- h Payathonzu
- i Nandamannya
- j Tayokpye
- k Pyathada

DER NORDEN BAGANS

Etwas abseits liegt der Höhlentempel **Kyauk-gu Umin** Ⓐ in einem Taleinschnitt nördlich der Stadt Nyaung U. Wohl im 12. Jh. entstanden, dienten die schmalen Gänge in seinem Inneren den Mönchen zur Meditation. Die **Shwezigon** Ⓑ aus dem 11. Jh. gilt als Vorbild aller birmanischen Sakralbauten und zählt zu den wenigen historischen Bauten Bagans, die noch in Funktion sind. Der vergoldete Stupa fällt recht massig aus, was ihn nur umso reizvoller macht. Dass die 37 Nats im religiösen System institutionalisiert sind, zeigt ein Schrein auf dem Pagodengelände. Die vier rund um den Stupa in Schreinen stehenden Bronzebuddhas sind typisch für die Frühzeit Bagans. > mehr S. 17 Punkt 34

Der ebenfalls in der Frühzeit entstandene Höhlentempel **Kyanzitta Umin** Ⓒ war Teil einer Klosteranlage und diente den Mönchen als Ort der Meditation. Die Malereien des Tempels wurden vermutlich erst im 13. Jh. geschaffen und stellen unter anderem mongolische Krieger dar.

Wetkyi-in Gubyaukgyi Ⓓ (13. Jh.) zeichnet sich durch besonders gut erhaltene Wandmalereien aus, **Gubyauknge** Ⓔ (frühes 12. Jh.) durch feine Stuckarbeiten. Der **Htilominlo** Ⓕ (1211 vollendet) ist mit 46 m Höhe der letzte der großen Bauten Bagans. Er beherbergt, nach den Himmelsrichtungen ausgerichtet, je vier Buddhas im Unter- und Obergeschoss. **Upali Thein** Ⓖ ist eine erst im 18. Jh. erbaute Ordinationshalle. Diese Hallen waren fast immer aus Holz und originellerweise hat man im Dach dieses Ziegelbaus das Erscheinungsbild der Holzarchitektur präzise nachempfunden.

DAS ZENTRUM

Nahe dem Dorf **Taungbi** nordöstlich von Alt-Bagan ist das aktive Holzkloster **Nat Htaung Kyaung** Ⓗ (19. Jh.) sehenswert. Es liegt inmitten eines Hofes unter großen Padauk-Bäumen. **Ananda Ok-Kyaung** Ⓘ ist ein zwischen 1775 und 1786 erbautes Klostergebäude mit außergewöhnlichen Malereien – vorwiegend Jataka-Geschichten > S. 101.

Als Krönung der frühen Bauten Bagans gilt der **Ananda** Ⓙ (1090 eingeweiht) mit seiner für Bagan

BAGANS WICHTIGSTE TEMPEL

- Hunderte von Jahren Einsamkeit: der abseits gelegene Höhlentempel **Kyauk-gu Umin.** > S. 93
- Von Weitem leuchtet der goldene Stupa der **Shwezigon.** > S. 93
- Vielfach kopiert, doch niemals erreicht: der berühmte **Ananda.** > S. 93
- Die massive Tempelpyramide des **Dhammayangyi** liegt verloren im Feld. > S. 94
- Ältester Sakralbau von Bagan ist der eiförmige **Bupaya** mit tollem Flussblick. > S. 95
- Der **Thatbyinnyu** ist Bagans höchster Tempelbau. > S. 95
- Die schönsten Wandgemälde können Sie im **Myinkaba Gubyaukgyi** bewundern. > S. 96

typischen maiskolbenartigen Spitze *(shikhara)*. Das 51 m hohe und im Grundriss einem griechischen Kreuz nachempfundene Bauwerk ist den vier bisherigen Buddhas gewidmet. Ihre 9,5 m hohen Teakstatuen stehen im Untergeschoss, wobei nur die beiden Figuren am Nord- und Südportal Originale sind. Bemerkenswert sind die grün glasierten Terrakottatafeln mit Darstellungen aus dem Leben Buddhas, die sich um Basis und Terrassen ziehen, sowie die vier gewaltigen Teakholztore des Untergeschosses. Zum Dezember-/Januar-Vollmond wird der Ananda mit einem riesigen Fest samt großem Jahrmarkt gewürdigt.

Der zweigeschossige **Sulamani** K (spätes 12. Jh.) ist nach dem himmlischen Palast des Hindugottes Indra benannt. Der lichte Bau aus der späteren Bauphase birgt ebenfalls vier große Buddhastatuen. Die verblassten Malereien sind Kreationen des 18. Jhs. Von vielen wird der **Dhammayangyi** L (spätes 12. Jh.) als eindrucksvollster Tempel Bagans gepriesen. In seiner wuchtigen Konstruktion beinahe

DER SCHRILLE KULT DER NATS

Weder mäßigende Buddhisten noch drohende Herrscher haben es geschafft, den schrillen und ekstatischen Nat-Kult zu verdrängen. Wer jemals einen *nat pwe* mit der ohrenbetäubenden Musik und dem wilden Tanz der *nat gadaws* miterlebt hat, kann über die freigesetzte Energie nur staunen. Hier offenbart sich die wohl geheimnisvollste und faszinierendste Seite Myanmars.

Der Nat-Kult ist so alt wie das birmanische Volk. Lange vor dem Buddhismus war der Glaube weitverbreitet, dass die Natur sich im Einflussbereich von Geistern befindet. Ihnen wurde geopfert, um sie milde zu stimmen und ihren Schutz zu erflehen. Sie konnten aber auch strafen. Im Laufe der Zeit wurden die Geister zu personifizierten Gestalten, den Nats (aus dem Paliwort *natha* = Herr, Beschützer). Manchmal waren es historische Personen oder legendäre Figuren. So verschieden ihre Geschichte oder Funktionen sind, sie haben eines gemeinsam: Alle sind eines unnatürlichen Todes gestorben.

Seit König Anawrahta von Bagan (11. Jh.) existiert der offizielle Kult um die 37 Nats. Anfänglich unterdrückte er die Nat-Verehrung und ließ ihre Schreine zerstören, Feste und Tieropfer zu ihren Ehren verbieten, doch erfolglos. Schließlich ließ er eine Liste von 36 anerkannten Nats erstellen und gab ihnen ein Oberhaupt, Thagyamin. Jener verkörpert Indra, der auch Schutzherr des Buddhismus ist. Somit war klar, dass die Nats unter der Lehre Buddhas standen. In späteren Jahrhunderten wurde die Nat-Liste immer wieder verändert. Neue kamen hinzu, andere gerieten in Vergessenheit.

In Myanmar werden Hunderte weiterer Geister verehrt. Einige sind von regionaler Bedeutung wie die in Bago beliebte Bago Maedaw oder Shwenankyin am Goldenen Felsen.

Angst einflößend, ähnelt sein Aufbau dem Ananda. Die zentralen Passagen wurden aus ungeklärten Gründen wohl gleich nach der Fertigstellung mit Schutt zugeschüttet und verschlossen. **Shwesandaw** M (spätes 11. Jh.) trägt einen runden Stupa auf fünf quadratischen Terrassen. Der Bau aus Bagans Frühzeit ist mit Treppen versehen, darf jedoch nicht bestiegen werden. Die **Shinbinthalyaung-Halle** (11. Jh.) an seiner Basis birgt einen 18 m langen liegenden Buddha.

ALT-BAGAN

Der **Maha Bodhi** N (frühes 13. Jh.) entspricht mit seinem viereckigen Stupa dem gleichnamigen Bau an jener Stelle in Indien, wo Buddha seine Erleuchtung erlangt haben soll. **Bupaya** O (9. Jh.) gilt als ältester Bau Bagans und wurde eindeutig noch von den Pyu errichtet. Der Stupa stürzte bei dem Erdbeben 1975 in den Fluss, wurde aber vollständig wiederhergestellt und vergoldet. Abends bietet er eine schöne Aussicht auf den Ayeyarwady. Der 1131 vollendete **Shwegugyi** P zählt mit seinen feinen Stuckaturen zu den elegantesten Bauten der Tempelstadt. Der erst 1784 erbaute **Pitaka Taik** Q steht am Ort jener Bibliothek, die König Anawrahta für die frisch erbeuteten Mon-Schriften bauen ließ. Auch hier wurde der Stil der sonst für solche Gebäude üblichen Holzbauweise in Ziegeln nachempfunden. **Thatbyinnyu** R (Mitte 12. Jh.), der »Tempel der Allwissenheit«, ist mit 61 m der höchste Bau Bagans. Sein Aufsatz besteht aus zwei Würfeln, von denen der kleinere über drei Terrassen in ein maiskolbenförmiges Shikhara übergeht. > mehr S. 17 Punkt 35

Der »Schrein der eingesperrten Nats«, **Nat Hlaung Kyaung** S (10. Jh.), ist der einzige erhaltene nicht-buddhistische Tempel Bagans: Er war dem Hindugott Vishnu geweiht. Nebenan trägt der kleine Stupa **Ngakywenadaung** T (9. Jh.) noch viele seiner ursprünglichen, grün glasierten Ziegel. Wie der Bupaya stammt er vermutlich aus der Zeit der Pyu.

Mit seinem geheimnisvoll aus einem düsteren Innenraum hervorschimmernden Buddha liefert **Pahtothamya** U (11. Jh.) ein besonders gutes Beispiel für den düsteren Charakter der Innenräume aus der frühen Periode. Im Gegensatz dazu gibt sich **Mimalaung Kyaung** V (1174) besonders luftig. Mit seinen hübschen Chinte-Löwen und seiner schönen Terrasse entfaltet er einen für den Ort fast untypischen Charme.

Der gewaltige **Gawdawpalin** W (spätes 12. Jh.) gilt als die Spitzenleistung der späten Periode. Er gleicht im Aufbau dem Thatbyinnyu, ist aber noch etwas komplexer angelegt. Das Erdbeben 1975 beschädigte ihn am schlimmsten, die Restaurierung dauerte fast ein Jahrzehnt. Das überdimensionale **Museum** X birgt eine ganze Reihe interessanter Exponate, darunter Bildwerke, Buddhafiguren, Tempelinschriften (beispielsweise die Rajakumar-Stele) und zeitgenössische Frisuren (Mi–So 9–16.30 Uhr).

Wandmalereien im Tempel Payathonzu

DER SÜDEN

Mingalazedi Ⓨ (spätes 13. Jh.) ist ein massiger Stupa auf mehrstufigen Terrassen und geht auf den letzten König Bagans zurück.

Myinkaba Gubyaukgyi Ⓩ (frühes 12. Jh.) hat wunderschöne Stuckaturen sowie hervorragende Wandmalereien – fast wie ein Bilderbuch des Buddhismus.

Der sehr kompakte **Manuha Paya** ⓐ (11. Jh.) wird dem gefangenen König Thatons zugeschrieben. Vier kolossale Buddhas – drei sitzende sowie ein liegender – scheinen mit ihren Dimensionen die Mauern des Tempels regelrecht sprengen zu wollen. Der beengende Eindruck soll das Empfinden des gefangenen Königs widerspiegeln. Auch bei **Nanpaya** ⓑ (spätes 11. Jh.), **Abeyadana** ⓒ (frühes 13. Jh.) und **Nagayon** ⓓ (12. Jh.) waren Meister des Kunsthandwerks tätig, wie man an den verblassten Malereien noch erkennt.

Somingyi Ok-Kyaung ⓔ (frühes 13. Jh.) ist das einzig erhaltene Kloster der Region. Obwohl es schwer beschädigt ist, kann man deutlich die um einen Innenhof angeordneten Mönchszellen erkennen.

East und **West Petleik** ⓕ (11. Jh.) sind zwei relativ unscheinbare, nebeneinanderliegende Tempel, an deren Wänden im Untergeschoss bei Ausgrabungen fast komplette, unglasierte Terrakottafliesen mit Szenen aus den Jataka, den Erzählungen aus Buddhas früheren Leben, gefunden wurden. Der schöne, frisch vergoldete **Lawkananda** ⓖ (Mitte 11. Jh.) bietet einen reizvollen Blick auf den Ayeyarwady.

DER OSTEN

Beim Dorf **Minnanthu** befinden sich zahlreiche Relikte einstiger Klosteranlagen. Zwei unscheinbare Tempel locken mit wunderschönen Wandmalereien: der dreiteilige

Payathonzu h und der **Nandamannya** i (beide 13. Jh.).

Der **Tayokpye** j zählt zu Bagans letzten Großbauten, tolle Ausblicke bietet zum Sonnenuntergang der restaurierte **Pyathada** k. Beide wurden ebenfalls in der Spätphase (13. Jh.) errichtet.

INFO

Die MTT-Niederlassung an der Hauptstraße in Neu-Bagan, Tel. 061/60277, ist bei Buchungen behilflich. Für den Besuch von Bagan sind 25 000 Kyat zu entrichten.

ANREISE

Nach Yangon und Mandalay gibt es täglich Flug- und Busverbindungen. In der Saison verkehren ebenfalls täglich die »Shwe Kein-ery« und »Malikha« auf dem Ayeyarwady zwischen Mandalay und Bagan (ca. 10 Std.).

HOTELS

Bezüglich Hotels können Sie unter drei Zentren wählen: die Stadt Nyaung U mit ihrem schönen Markt im Norden, Alt-Bagan (Bagan Myohaung) in der Mitte und Neu-Bagan (Bagan Myothit) im Süden.

Aye Yar River View Resort €€

Das Hotel mit 103 geräumigen Zimmern überblickt den Ayeyarwady. Es gibt Spa, Pool und eine offene Sunset Bar.

- nördlich von Alt-Bagan | Tel. 061/60352
  www.ayeyarriverviewresort.com

Bagan Thande Hotel €€

Schöner Bungalowkomplex direkt am Ayeyarwady, mit Terrasse und Pool.

- Alt-Bagan | Tel. 061/60025
  www.baganthandehotel.net

Thazin Garden Hotel €€

Die Anlage mit 60 detailfreudig ausgeschmückten Zimmern liegt etwas abseits im Süden Neu-Bagans. Pool, Spa.

- Thazin Rd. | Neu-Bagan
  Tel. 061/65035
  www.thazingarden.com

Bagan Central Hotel €

Die Außenwände der 26 geräumigen Zimmer sind mit versteinerten Bäumen dekoriert. Kleiner Innenhof mit Schatten spendenden Niembäumen.

- 15/16 Khayae St. | Neu-Bagan
  Tel. 061/65265
  www.bagancentralhotel.com

BAGAN AUF ALLEN WEGEN

Bei der Besichtigung von Bagan können Sie auf verschiedene Fortbewegungsmittel zurückgreifen. Mit dem **Fahrrad**, **E-Bike** oder **Tuk Tuk** bieten sich die Sehenswürdigkeiten im Umkreis von Alt-Bagan an. Stilvoll und recht kommunikativ ist die Rundfahrt mit der **Pferdekutsche,** denn die meisten Kutscher sprechen passables Englisch und können Erläuterungen samt Tipps geben. Ein unvergessliches, wenn auch kostspieliges Erlebnis, beschert Ihnen eine **Ballonfahrt.** Rechtzeitig zum Sonnenaufgang gleiten Sie lautlos über das Ruinenfeld mit Blick auf die Pagodenlandschaft. Ebenfalls reich an Eindrücken ist eine **Bootsfahrt** auf dem Ayeyarwady, etwa zum nördlich gelegenen Höhlentempel Kyauk-gu Umin.

Bagan Umbra Hotel €

Weitläufiges Mittelklassehotel mit 94 hellen Zimmern, schönem Garten und Pool.

- Bagan-Nyaung U Rd.
  Nyaung U | Tel. 061/60034
  www.baganumbrahotel.com

RESTAURANTS

Auch bei den Lokalen können Sie zwischen Nyaung U, Alt-Bagan und Neu-Bagan wählen. > **mehr S. 15 Punkt 19**

Sanon €€

Stylisches Lokal neben dem Thante Hotel mit angeschlossener Ausbildungsstätte benachteiligter Jugendlicher.

- Pyu Saw Hti St./Ngat Pyit Taung St.
  Nyaung U | Mobil 09/451951950
  www.sanon-restaurant.org

Seven Sisters €€

Gemütliches Gartenlokal mit leckeren birmanischen und chinesischen Gerichten.

- 79 Nwe Ni Street | Neu-Bagan
  Tel. 061/65404

Nanda Restaurant €–€€

Gutes birmanisches und chinesisches Essen in einer schön dekorierten Halle, dazu am Abend Marionettenvorführung.

- Bagan-Nyaung U Rd. | Nyaung U
  Tel. 061/60754

Shwe Myanmar €

Einfaches Lokal mit guten authentischen Curry-Gerichten.

- Alt-Bagan, unweit des Tharaba-Tors

SHOPPING

Bagan ist die Hochburg der Lackarbeiten mit großem Angebot. Allerdings wird viel Ramsch feilgeboten. Hervorragende, jedoch nicht billige Stücke finden Sie in Maung Aung Myins **Art Gallery of Bagan** und im **Golden Cuckoo** im Dorf Myinkaba. Schöne Rattanwaren verkauft die **Win Family** am Thatbyinnyu-Tempel.

M Boutik

Laden mit schönen Handarbeiten von Frauengruppen aus dem Umland.

- Anawrahta Rd./Thiripyitsaya 5 Rd.
  Nyaung U | Tel. 061/60358

AUSFLÜGE VON BAGAN

Von Sale führt eine Straße über Kyaukpadaung zum Mount Popa, sodass Sie beide Orte auch problemlos zusammen im Rahmen einer ganztägigen Rundfahrt besuchen können.

SALE 8 C6

Sale, 40 km südlich von Bagan, gilt als dessen Zwillingsstadt. Sehenswert ist neben dem **Youk-soun Kyaung** mit schönen Holzschnitzereien auch eine 3 m große Lackfigur im **Man-Phaya-Schrein** aus dem 13. Jh., die als die größte Myanmars gilt. Den Besuch lohnt auch das 130 Jahre alte Meditationskloster **Thadana Yaunggyi Kyaung.**

HOTEL/RESTAURANT

Salay River View Inn & Salay House €

Hübsches, 1906 erbautes Kolonialhaus mit Gartenlokal und Gästehaus.

- 481 Strand Rd. | Sale
  www.salayriverviewinn.com

MOUNT POPA 9 C6

Zwei Fahrstunden südöstlich von Bagan erhebt sich Mount Popa, ein 1518 m hoher erloschener Vulkan. Aufgrund des wertvollen Waldbestandes wurde der zum Bago Yoma gehörende Berg zum Nationalpark erklärt. An seinem Fuße liegt der markante 737 m hohe Vulkankegel **Mt. Popa Daung Kalat.** Er war bereits vor der Baganzeit als Wohnsitz der Nats Ziel vieler Pilger. Begleitet von frechen Affen mühen sich die Besucher den etwa halbstündigen Weg hinauf über Treppen und Leitern, um von oben die Aussicht zu genießen. Die meist buddhistischen Bauten sind neueren Datums und eher uninteressant. Im Pilgerort unterhalb des Kegels gibt es einen vielbesuchten Schrein zur Verehrung der 37 Nats, darunter Popa Maedaw mit ihren Zwillingssöhnen. Weitere Schreine entlang des Aufstiegs erinnern an den Asketen und Magier Bo Min Gaung.

HOTEL

Popa Mountain Resort €€€

Luxusbungalows mit weitem Blick auf den Popa Daung Kalat. Eine der schönsten Unterkünfte in der Umgebung.

- Mount Popa
  Mobil 09/402760884, 09/8600660
  www.popamountain.htoohospitality.com

PAKOKKU 10 C5

Die Stadt am Westufer des Ayeyarwady, 30 bis 40 Minuten von Bagan und vier Fahrstunden von Monywa entfernt, ist ein Anbauzentrum für Tabak und Thanakabäume, deren Äste zur berühmten Thanakapaste › S. 11 verrieben werden. Pakokku ist zudem bekannt für seine Klöster, darunter das 1907 gegründete **Mandalay Kyaung Taik** und das weitläufige **Mahawithutayama Kyaung.** Im Süden der Stadt erhebt sich der **Tihoshin-Tempel** mit einer hochverehrten Buddhafigur (12. Jh.) und einer kleinen Ausstellungshalle.

Im rund 20 km nördlich gelegenen **Pakhan-gyi,** einer ehemaligen Garnisonsstadt unweit des Chindwin, können Sie ein großes, 1870 erbautes Holzkloster und Reste von Wehranlagen besichtigen.

ANREISE

Man kann mit dem Mietwagen von Bagan oder per Charterboot anreisen (2 Std.).

HOTEL

Thu Ka Hotel €€

Freundliche, zentral gelegene Unterkunft mit 35 funktionalen, sauberen Zimmern.

- Myoma Rd. | Pakokku
  Tel. 062/23077, 23177

NACHHALTIG GUT

- Im **Shwe Sa Bwe Restaurant** werden sozial benachteiligte Jugendliche ausgebildet. › S. 71
- **Hla Day** heißt »schön« auf Birmanisch und das sind auch die kunstvollen Accessoires. › S. 72
- Gute Handarbeiten aus der Hand flinker Frauen gibt es in der **M Boutik** in Nyaung U. › S. 98
- Die **Win Family** unterstützt mit ihrem Laden in Alt-Bagan ländliches Handwerk. › S. 98
- Im **Sanon** kochen und servieren Jugendliche aus ärmlichen Verhältnissen. › S. 98

UNGEWOHNTES FÜR AUGE & OHR

Schrille Musik, bunte Kostüme und lustige Tanzeinlagen gehören zum Pwe

PWE

Kein Tempelfest ohne ein *Pwe*, eine traditionelle Tanzaufführung. Nächtelang erheitern sich die Zuschauer an dieser Mischung aus Slapstick, Tanz und Drama.

Im **Zat Pwe** wird eine Geschichte *(zat)* gespielt, eingerahmt von Musik und Tanz. Komödianten üben im **Anyeint Pwe** versteckte Kritik an den Herrschenden; dazu gibt es Tanzeinlagen. Besonders schrill geht es bei einem **Nat Pwe** zu. Mit wilden Gebärden und Tanz locken die *Nat Gadaws* (meist Transvestiten) die Nats › S. 94 an.

Nat-Pwes können Sie auf folgenden **Nat-Festivals** sehen:

- **Mount-Popa-Fest** zu Ehren der Mahagiri-Nats (Dez./Jan.)
- **Pakhan-Fest** nördlich von Pakokku (März)
- **Shwe-Kyun-Pin-Fest** in Mingun (Aug.)
- **Taungbyone-Fest** nördlich von Mandalay (Aug.)

Mit etwas Glück können Sie bei einem der großen **Tempelfeste** ein Pwe erleben. Hier die wichtigsten Tempelfeste, jeweils rund um die Vollmondtage:

- **Ananda-Tempel, Bagan:** Dez./Jan.
- **Mahamuni-Tempel, Mandalay:** Anfang Feb.
- **Shwedagon-Pagode, Yangon:** Feb./März
- **Kyauktawgyi-Pagode, Mandalay:** Sept./Okt.

- **Phaung-Daw-U-Festival, Inle-See:** Sept./Okt.
- **Shwezigon-Pagode, Bagan:** Okt./Nov.

MOUSTACHE BROTHERS

Ganzjährig besteht die Möglichkeit, im Haus der **Moustache Brothers** ein Anyeint Pwe zu sehen, bei dem die ganze Familie beteiligt ist. Das Leben eines Komödianten war unter den Militärs gefährlich: Der 2013 an den Haftfolgen verstorbene Bruder, U Par Par Lay, wurde 1996 nach einer Vorführung bei Aung San Suu Kyi aufgrund eines hintergründigen politischen Witzes eingesperrt und kam erst nach 5 Jahren wieder frei.

- Moustache Brothers C5
  23, 39th St., zw. 80th und 81st St.
  Mandalay
  tgl. um 20 Uhr

MARIONETTENTHEATER

Die großen Zeiten des Marionettentheaters sind vorbei. Das einheimische Publikum hat wenig Interesse daran und so sind es die Touristen, die den Puppenspielern ihr Einkommen sichern. Nahezu jedes größere Touristenrestaurant zeigt eine Marionettenaufführung zum Dinner mit einer festgelegten Reihenfolge von Einzelszenen. Am Anfang steht der rituelle Tanz zur Verehrung der Nats. Der Auftritt des mythologischen Pferdes und anderer Tiere spielt im geheimnisvollen Wald des Himalaya. Ihnen folgen Drachen und Dämonen sowie der populäre Zauberer Zawgyi, der mit seinem Stab durch die Lüfte wirbelt. Fehlen darf nicht eine Hofszene mit Page, Minister und dem edel gewandeten Königspaar. Ganz romantisch geht es beim Auftritt von Prinz und Prinzessin zu, während der Komödiant mit Schirm und zwinkernden Augen Sie zu verführen versucht. Empfehlenswerte Aufführungen bieten:

- Mandalay Marionettes Theatre C5
  66th St., zw. 26th und 27th St.
  Mandalay
  Tel. 02/34446
- Nanda Restaurant C6
  Wetkyi-In Village | Bagan
  Tel. 061/60754

SAGEN UND MYTHEN

Den Stoff für das birmanische Theater liefern zumeist Szenen aus den Jatakas und dem 2000 Jahre alten Hindu-Epos **Ramayana:** Gott Vishnu kommt als Rama auf die Erde. Dessen wunderschöne Frau Sita wird von dem Dämonenkönig Ravana auf die Insel Lanka entführt. Nach unzähligen Kämpfen kann Rama unter Mithilfe der Armee des Affengenerals Hanuman Sita endlich befreien und den bösen Dämonengott töten.

Jedes Schulkind kennt die **Jatakas,** die 547 Erzählungen über die früheren Inkarnationen Buddhas (darunter als Hund, Löwe und Affe). Die letzte Geschichte, das Vessantara, erzählt von der Großzügigkeit des als Prinz wiedergeborenen Buddha. Nicht nur verschenkt er den weißen Elefanten und somit den Glücksgaranten des Königreiches, sondern gibt auch seine beiden Kinder und sogar seine Frau her. Doch zum Schluss wird die Familie wieder glücklich vereint.

Karte S. 86

MONYWA 11 C5 UND UMGEBUNG

Die aufstrebende Stadt Monywa, ein wichtiges Handelszentrum mit 300 000 Einwohnern, liegt am Chindwin-Fluss. Die stets belebte Anlegestelle der Boote und Fähren am Chindwin ist am späten Nachmittag sehr stimmungsvoll. Religiöse Hauptattraktion ist der zwischen 1939 und 1951 erbaute **Thanboddhay-Tempel,** 10 km südöstlich der Stadt (tgl. 6.30–17 Uhr). Das Heiligtum ist ein Ort der Superlative: 471 kleinere Stupas gruppieren sich auf den Terrassen rund um den Hauptstupa. Auf Altären und in Nischen befinden sich insgesamt 582 357 Buddhafiguren, überall glitzert und glänzt es – ein kunterbunter Ort der buddhistischen Verehrung.

In **Kyaukka,** 15 km östlich von Monywa, können Sie die Herstellung von Lackarbeiten beobachten. Bei Budalin, 45 km östlich, erhebt sich der erloschene Vulkan **Twinn Daung** (schöner Ausblick) mit dem grün schimmernden Kratersee **Myitta Kan,** an dessen Ufer die Bewohner in künstlich angelegten Becken Algen züchten und zu Medizin verarbeiten.

Höhlenheiligtümer mit in Sandstein geschlagenen Buddhafiguren und teils schönen Wandmalereien können Sie in den Bergen östlich des Chindwin besuchen, darunter im 25 km von Monywa entfernten **Hpo Win Daung** (vermutlich aus dem 17./18. Jh.) und im benachbarten **Shwe Ba Daung.**

HOTEL

Win Unity Resort Hotel €€

Die weitläufige Bungalowanlage mit gesichtslosen Zimmern und Pool liegt an einem See.

- am nördlichen Stadtrand | Monywa
  Tel. 071/22438
  www.winunityhotels.com

MANDALAY 12 5 C5

Von dem in alten Reiseberichten beschworenen Zauber Mandalays ist leider nicht viel übrig geblieben. Die mit einer Million Einwohnern zweitgrößte Stadt des Landes, erst 1857 gegründet, war bis zur britischen Eroberung 1885 kurzlebige Hauptstadt des letzten birmanischen Königreiches. Mandalay gilt wegen seiner zahlreichen Klöster und Handwerksbetriebe zwar als Herz birmanischer Kultur, doch haben ein steter Zuwachs chinesischer Einwanderer sowie eine hektische Bautätigkeit die Stadt binnen weniger Jahre in eine staubige, zubetonierte Boomtown verwandelt.

Dennoch ist Mandalay interessant. Das Leben spielt sich auf deutlich engerem Raum ab als in Yangon, sodass man vom urbanen Alltag viel mitbekommt. Ein Besuch der touristischen Höhepunkte beansprucht nur ein gerafftes Tagesprogramm. > mehr S. 12 Punkt 4

MANDALAY-BERG

Im Stadtzentrum machen nummerierte, rechtwinklig aufeinanderstoßende Straßen von Ost nach West sowie von Nord nach Süd die Orientierung sehr leicht. Es wird im

Blick über die Anlage des Königspalastes von Mandalay

Westen vom Ayeyarwady, im Norden vom Mandalay-Berg begrenzt. Sie können den 236 m hohen Hügel auf 1729 Stufen ersteigen oder bequem mit einem Pick-up hinauffahren. Eine Halle auf halber Höhe barg bis vor einigen Jahren drei Knochen Buddhas, die **Peshawar-Reliquien.** Sie wurden vermutlich auf Geheiß des indischen Herrschers Ashoka im 3. Jh. v. Chr. nach Peshawar im heutigen Pakistan gebracht und in einem Stupa aufbewahrt. Im Krieg mit den Muslimen wurde der Stupa im 11. Jh. zerstört, doch förderten Ausgrabungsarbeiten 1908 den verzierten Reliquienbehälter zutage. Den schenkte die britische Kolonialregierung 1910 einem Sohn des Königs Mindon. Heute werden die Reliquien im U-Khanti-Kloster an der Westseite des Berges verehrt. In weiteren Hallen knapp unterhalb des Gipfels sehen Sie eine Buddhafigur, die mit ausgestrecktem Arm auf die Stadt deutet, sowie die Figur einer Frau, die Buddha ihre abgeschnittenen Brüste darbietet. Nach der Legende hatte der Erleuchtete einer Riesin die Wiedergeburt als König Mindon prophezeit, nachdem sie ihm ihre Brüste geopfert hatte. Später sei Buddha auf dem Berg erschienen, um die Entstehung einer großartigen Stadt an dessen Fuß vorherzusagen.

KÖNIGSPALAST

Die quadratische Anlage des einstigen Königspalastes mit 2 km Seitenlänge, umgeben von 8 m hohen Mauern und einem 70 m breiten Graben, schützte die von den Briten als Fort genutzte »Goldene Stadt« des Herrschers. Ganz aus Teakholz erbaut, gingen die zahlreichen Gebäude 1945 bei Kämpfen zwischen Briten und Japanern in Flammen auf. Bei der in den 1990er-Jahren recht dilettantisch durchgeführten Wiedererrichtung einiger Gebäude benutzte man leider Beton und Wellblech. Das Resultat ist uninteressant, dafür lohnt sich der Ausblick vom 55 m hohen Wachturm.

Ein angegliedertes kleines **Museum** mit Exponaten aus königlichem Besitz kann am Gesamteindruck auch nicht viel ändern. Die üppigen Grünanlagen ringsum sind überwiegend dem Militär vorbehalten, das hier stationiert ist.

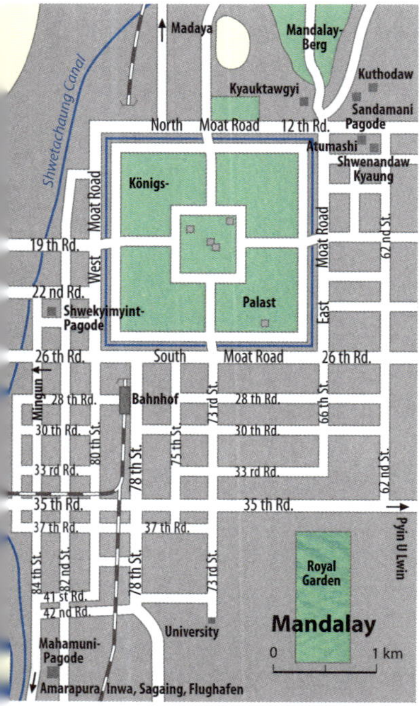

AM FUSS DES MANDALAY-BERGES

Fünf Sakralanlagen liegen nebeneinander nahe den Festungsmauern am Fuße des Mandalay-Berges. Die hübsche **Kyauktawgyi** birgt einen kolossalen Buddha aus Marmor, dessen Transport 10 000 Arbeiter mächtig ins Schwitzen brachte. **Sandamani,** zum Gedenken an einen getöteten Bruder König Mindons erbaut, wird von Marmortafeln mit Kommentaren zum buddhistischen Kanon umgeben.

Auf dem Gelände der benachbarten **Kuthodaw,** auf Mindons Wunsch 1857 für die Fünfte Buddhistische Synode erbaut und als »größtes Buch der Welt« betitelt, steht dieser Kanon in 729 Marmortafeln gemeißelt.

Atumashi Kyaung, ebenfalls im Jahre 1857 entstanden, barg einen legendären Buddha, den die Briten 1885 stahlen. Der Tempel brannte 1890 ab und wurde erst über 100 Jahre später wieder aufgebaut – aus Beton.

Shwenandaw Kyaung lässt den schmerzlichen Verlust des Königspalastes erahnen. In dem opulent verzierten Gebäude wohnte und starb König Mindon. Der Holzbau wurde im Jahr 1880 aus dem Palast entfernt, als Meditationsstätte wieder aufgebaut, er blieb vom Brand verschont.

MAHAMUNI-PAGODE

Mandalays bedeutendstens Heiligtum ist ein Erlebnis. Der wahrscheinlich sehr alte Mahamuni-Buddha wurde 1784 aus Rakhine

Der riesige Buddha im Kyauktawgyi-Tempel ist aus einem einzigen Marmorblock geformt

herbeigeschafft und ist bis heute die mit Abstand meistverehrte Figur des Landes. Täglich um 4 Uhr morgens putzt ihm ein Mönch sogar die Zähne. Auf dem Kopf trägt der 3,80 m hohe Buddha mehr Juwelen als jedes andere gekrönte Haupt dieser Erde und sein massiger Körper ist bis zur Unförmigkeit von Blattgold bedeckt. Sechs Khmer-Bronzen in einem Schrein gelangten auf Umwegen von ihrer Heimstatt Angkor über Ayutthaya, Bago und Mrauk U nach Mandalay. Die drei Löwen, zwei Wächter sowie der dreiköpfige Elefant gelten als magisch. Vor allem die beiden Wächter sollen jede Krankheit heilen, wenn man die entsprechende Stelle ihres Körpers berührt. Das Mahamuni-Fest Anfang Februar gehört zu den wichtigsten religiösen Feiern Myanmars.

WEITERE SEHENSWÜRDIGKEITEN

Einen weiteren, sehr schönen Buddha beherbergt die **Shwekyimyint-Pagode.** Die im 12. Jh. erbaute Pagode enthält neben der Originalfigur eine Sammlung teilweise äußerst kostbarer Buddhastatuen sowie diverse Sakralgegenstände aus königlichem Besitz, die jedoch nicht immer allesamt ausgestellt sind. Der alte **Zegyo-Markt** musste im Jahr 1990 gegen den Widerstand der Bevölkerung leider einer sehr unschönen Betonkonstruktion weichen. › mehr S. 15 Punkt ⓯, S. 15 Punkt ㉒

In den südlichen Vierteln der Stadt haben sich zahlreiche **Kunsthandwerker** niedergelassen und versorgen von hier aus praktisch das ganze Land mit Gongs, Marionetten, Buddhastatuen, Opiumgewichten etc.

Karte S. 104

INFO

- Das wenig effektive MTT-Büro befindet sich hinter dem Swan Hotel (27th St./68th St.).
- Ein Sammelticket für die Sehenswürdigkeiten Mandalays kostet 10 US-$.

ANREISE

Mandalay ist auch international per Flugzeug sowie per Bus und Bahn ohne große Mühe erreichbar.
Beliebt ist die Flussfahrt von/nach Bagan mit der »Shwe Keinnery« und »Malikha« (ca. 10 Std.) oder nach Bhamo mit der IWT-Fähre (mindestens 2 Tage).

HOTELS

Hilton Mandalay €€€
Bestes Hotel der Stadt mit 247 Zimmern, drei Restaurants, großem Pool und gutem Spa. Toller Blick auf den Mandalay-Berg.
- Ecke 26th St./66th St. | Mandalay Tel. 02/36488 | www.hiltonhotels.de

Hotel by the Red Canal €€€
Stilvolles Boutiquehotel östlich der Palastmauer mit 25 Komfort-Zimmern. Netter Garten und Pool.
- 417, Ecke 63th und 22nd St. Mandalay | Tel. 02/61177 www.hotelredcanal.com

Mercure Mandalay Hill Resort €€€
Große Anlage am Fuße des Mandalay-Bergs mit Pool, Spa und stilvollen Zimmern.
- 9, 10th St. | Mandalay Tel. 02/4035638 www.mercure.accorhotels.com

Rupar Mandalay Resort €€€
Weitläufiges Resort mit 16 schönen, im alten Stil eingerichteten Zimmern und Suiten. Spa, großer Pool und Restaurant.
- A-15, Ecke 53rd und 30th St. Mandalay | Tel. 02/4061552 www.ruparmandalar.com

Peacock Lodge €
Ruhig gelegenes, familiäres Gästehaus mit nur sechs geräumigen Zimmern.
- 5, 61st St., zw. 25th und 26th St. Mandalay | Tel. 02/2042059

Royal City Hotel €
Gutes Mittelklassehotel mit 20 etwas kleinen Zimmern und einer Dachterrasse.
- 130, 27th St., zw. 76th und 77th St. Mandalay | Tel. 02/31805 www.royalcityhotelmandalay.com

RESTAURANTS

Aye Myit Tar €
Lokale Küche, insbesondere die birmanischen Currys sind sehr beliebt.
- 81th St., zw. 36th und 37th St. Mandalay

Café jj €
Angesagtes Café mit entspannter Atmosphäre, gutem Kaffee und soliden internationalen Speisen.
- 26th St. Ecke 65th St. Mandalay | Tel. 02/74349

Marie-Min €
Die indischen Besitzer kochen vielseitig und lecker Vegetarisches.
- 27th St. zw. 74th und 75th St. Mandalay

Shwe Pyi Moe €
Beliebter Tea Shop neben dem Hilton Mandalay mit leckeren Snacks und Suppen.
- 66th St., zw. 26th und 27th St. Mandalay

Der Ochsenkarren ist auf dem Land noch ein gängiges Transportmittel

SHOPPING

- Oft liegen die Werkstätten recht versteckt im Süden Mandalays, weshalb Sie sich einem Taxi- oder Rikschafahrer anvertrauen sollten. Betriebe für die Blattgoldherstellung konzentrieren sich entlang der 36th Street, darunter **Golden Rose** zw. 77th und 78th St. > **mehr S. 18 Punkt 36**
- Wollen Sie etwas über die Bronzeherstellung erfahren, dann können Sie das **Myanmar Bronze Moulder Casting** im Thampawaddy-Viertel besuchen (93 Panthidan, Tel. 02/23182).
- Die Werkstätten der **Steinmetze** liegen rund um den Westzugang des Mahamuni-Tempels. > **mehr S. 18 Punkt 37**
- Bei **Yangoods** gibt's geschmackvolle Taschen, Kissen und Souvenirs im Retrostil (C 2, 71st St., zw. 28th und 29th St., www.yangoods.com).

AUSFLÜGE VON MANDALAY

Von Mandalay bieten sich mehrere Ausflüge an: eine Bootsfahrt nach Mingun, eine Tour zu den drei ehemaligen Königsstädten Amarapura, Inwa und Sagaing im Süden oder in die alte Sommerfrische der Engländer, Pyin U Lwin > S. 123.

MINGUN 13 C5

Hier sollte ab 1790 die gewaltigste Pagode der Welt entstehen. Beim Tode des königlichen Auftraggebers Bodawpaya fast 30 Jahre später wurden die Arbeiten an dem die Grenzen des architektonisch Machbaren erreichenden Wahnsinnsprojektes eingestellt. 1838 ereilte ein Erd-

Geruhsame Bootspartie auf dem Taungthaman-See

beben die Bauruine, doch selbst diese Überreste sind noch fantastisch: ein massiver, quadratischer Ziegelbau, 72 m lang, 50 m hoch, der als Basis eines insgesamt 150 m hohen Stupa angelegt war. Trotz Mängeln und Rissen steht die **Mingun-Pagode** den Prachtstücken Bagans nicht nach. In einem Pavillon hängt die mit 90 t Gewicht **größte intakte Glocke** der Welt. Die schöne, originell konzipierte weiße **Hsinbyume,** noch ein Stück weiter, symbolisiert den heiligen Berg Meru mit den ihn umgebenden sieben Bergketten.

ANREISE

Mingun liegt 11 km flussaufwärts von Mandalay. Morgens legt ein Touristenboot ab, die öffentlichen Boote dürfen von Ausländern nicht benutzt werden. Besser ist es, ein eigenes Boot zu mieten. Sofern Sie in Ihrem Urlaub noch keine Flussfahrt unternommen haben, ist diese kurze Bootstour unbedingt empfehlenswert.

AMARAPURA 14 C5, SAGAING 15 C5 UND INWA 16 C5

Kein Landstrich Myanmars hat so viele Königsstädte glanzvoll aufstreben und jäh untergehen sehen wie die Umgebung von Mandalay. Nach dem Untergang Bagans wurde 1315 Sagaing zum Zentrum eines Fürstentums der Shan. 50 Jahre später wurde der Hof in das strategisch günstiger gelegene Inwa verlegt. Dort blieb er mit Unterbrechungen die nächsten 400 Jahre. In der Konbaung-Dynastie (1752–1885) verlegten die Herrscher gleich vier Mal die Residenz. Die eintägige Taxi-Exkursion führt Sie zunächst nach **Amarapura,** dem Zentrum der birmanischen Longyi-Produktion, mit unablässig ratternden Webstühlen › unten. Lohnenswert ist dort der Besuch des modernen **Mahagandhayon-Klosters** mit seinen über 1000 Mönchen. Von dort führt Sie ein schöner Spaziergang am Taungthaman-See vorbei zur malerischen, 1,2 km langen **U-Bein-Brücke**. Sie wurde Mitte des 19. Jhs. aus den Teakholzüberresten ehemaliger Residenzen in Inwa und Sagaing erbaut. Die auf der anderen Seite 1847 errichtete **Kyauktawgyi-Pagode** rechtfertigt den langen Marsch über die Brücke mit idyllischem Ambiente und schönen Wandmalereien.

Über die 1934 erbaute Inwa-Brücke oder deren Entlastungsbrücke gelangen Sie in die Silberschmiedestadt **Sagaing** mit über 600 Klosteranlagen. Von der Soon-U-Phonya-Shin-Pagode auf dem Sagaing-Hügel erblicken Sie bei klarer Sicht sogar das Shan-Bergland. Am westlichen Ortsende von Sagaing haben sich Silberschmiede angesiedelt.

Die **Kaunghmudaw-Pagode,** einige Kilometer außerhalb, wurde 1636 für die Reliquien der Mahazedi-Pagode Bagos im singhalesischen Stil erbaut, doch fügt sich der gewaltige schneeweiße Stupa zu einer Form, in der des Volkes Auge nur eine Frauenbrust erkennen mag. Eine Kutschfahrt durch das idyllisch gelegene **Inwa** führt Sie zum schiefen Turm Nanmyin, dem 1818 erbauten **Maha Aungmye Bonzan Kyaung** und dem imposanten **Bagaya Kyaung,** der auf 267 Teakholzpfeilern steht.

DER LONGYI

Der Longyi ist ein knapp 2 m langes und gut 1 m breites, an der Schmalseite zusammengenähtes, überwiegend handgewebtes Tuch. Für Männer und Frauen gibt es unterschiedliche Dekors, auch binden sie das Tuch mit verschiedenartigen Knoten um die Hüften. Eine reichhaltige Kollektion von Longyis gilt für jeden als soziale Mindestausstattung. Baumwolle, Seide, vereinzelt auch Wolle, oft auch in Mischungen, verleihen den Longyis markante Eigenschaften in Aussehen und Anschmiegsamkeit.

Frauenlongyis fallen allgemein weniger kunstvoll aus als die der Männer, die nach ihrem jeweiligen Herkunftsort unterschieden werden. Stücke aus Zentral-Myanmar haben feine Karos, Linien oder meist beides. Karen-Longyis sind quer gestreift und im Allgemeinen in leuchtenden Kontrastfarben gehalten, vor allem in Rot. Die düsteren Kachin-Longyis tragen auf schwarzblauem Hintergrund unregelmäßig breite Streifen, meist in Grün oder Violett. Longyis vom Inle-See im Shan-Staat zeichnen sich durch winzige geometrische Muster mit starken weißen Durchschüssen aus, die sie wie gepudert erscheinen lassen. Als Krönung gelten Longyis aus Rakhine: raffinierte, schwere Stücke mit reliefartig hervorgehobenen, ungemein vielseitigen Mustern in sämtlichen Farben.

SHAN-, KAYAH- & KACHIN-STAAT

Einbeinruderer auf dem Inle-See

Im Norden und Osten Myanmars steckt der Tourismus weitgehend in den Kinderschuhen, viele Gebiete sind für Ausländer noch gesperrt. Das macht das Reisen zuweilen zwar beschwerlich, aber auch reizvoll.

Im südlichen Shan-Staat liegt eines der attraktivsten Reiseziele des Landes: der **Inle-See.** Auch der alte britische Alterssitz **Kalaw,** das verträumte **Pindaya** und das multikulturelle **Taunggyi** haben ihre Reize. Tief im Osten liegen die einstige Shan-Fürstenstadt **Kyaing Tong** samt vieler Dörfer der Bergminderheiten sowie **Tachilek** an der Grenze zu Thailand. Von Mandalay führt die berühmte Burma Road in den Nordosten des Shan-Staates. Dort reihen sich unterschiedliche Städte aneinander: die koloniale Sommerfrische **Pyin U Lwin,** die alte Fürstenstadt **Hsipaw** und das aufstrebende **Lashio.** Von **Loikaw,** der Hauptstadt des Kayah-Staates, können Sie die bergreiche Umgebung und Dörfer diverser Volksgruppen erkunden. Wie ein Keil schiebt sich der Kachin-Staat in Myanmars Norden zwischen Indien und China bis an die Grenze zu Tibet. Touristisch wie infrastrukturell unerschlossen, hat die Region viel Potenzial für Naturfreunde. Das gilt vor allem für **Putao,** von wo aus Exkursionen in die Bergwelt möglich sind. Auch **Myitkyina,** das kulturelle Zentrum der Kachin, bietet sich für Ausflüge an. Von **Bhamo** starten Ayeyarwady-Fähren gen Mandalay.

Der geheimnisumwitterte Pagodenwald von Indein

TOUREN IN DER REGION

TOUR 5

LÄNDLICHES IDYLL

ROUTE: Kalaw > Pindaya > Loikaw > Sagar > Inle-See

KARTE: Seite 113
LÄNGE: 380 km, **DAUER:** 4–5 Tage
PRAKTISCHER HINWEIS:

- Diese Tour ist am besten per Mietwagen mit Fahrer und ab Phekon per Boot zu bewältigen.

TOUR-START:

Die hügelige Landschaft zwischen **Kalaw** 1 › S. 113 und Pindaya zählt mit ihren bunten Feldern zu den schönsten im südlichen Shan-Staat. Von Aung Ban, 10 km östlich, führt eine kurvige Straße 38 km nach Pindaya 2 › S. 114. Von dort fahren Sie am nächsten Tag zurück nach Aung Ban und weiter nach **Loikaw** 12 › S. 127, der Hauptstadt des Kayah-Staates. Dort bleiben Sie zwei Nächte, um die Umgebung zu erkunden. Anschließend geht es nach **Phekon.** Dort besteigen Sie das Boot, überqueren den Mo-Bye-Stausee und gelangen über den Balu-Fluss zum **Sagar-See** › S. 119. Von dort sind es noch etwa zwei Bootsstunden zum **Inle-See** 3 › S. 116, der mit seinen Klöstern und seinem schwimmenden Markt 1–2 Tage ausfüllt.

TOUR 6

ENTLANG DER ALTEN BURMA ROAD

ROUTE: Pyin U Lwin > Hsipaw > Lashio

KARTE: Seite 113
LÄNGE: 200 km, **DAUER:** 3 Tage
PRAKTISCHE HINWEISE:

- Da die Städte an der schönsten Bahnstrecke Myanmars liegen, sollten Sie den Zug wählen.
- Proviant, Wasser, Taschenlampe und warme Kleidung bei frühen Abfahrten sollten ins Reisegepäck.

TOUR-START:

Der britische Luftkurort **Pyin U Lwin** 9 › S. 123, auch ein beliebtes Ausflugsziel von Mandalay (80 km), ist ein guter Ausgangspunkt für die Reise in den nördlichen Shan-Staat. Über den berühmten Gokhteik-Viadukt › S. 124 führt die etwa siebenstündige Zugfahrt zunächst nach **Hsipaw** 10 › S. 125, wo Sie am nächsten Tag zu Fuß oder per Fahrrad das einstige Fürstenstädtchen samt Umgebung erkunden können.

Am 3. Tag fahren Sie mit dem Zug oder Bus weiter in die 150 km entfernte aufstrebende, schon ziemlich chinesisch wirkende Handelsstadt **Lashio** 11 › S. 126.

UNTERWEGS IM SHAN-STAAT

KALAW 1 ★ D6

In 1320 m Höhe am Westrand des Shan-Plateaus erfreut Kalaw mit einem frischen Klima. Das stille Städtchen war einst ein beliebter britischer Alterssitz. Einladende schindelgedeckte Fachwerkhäuser in liebevoll gepflegten Gärten, lauschige Pinienhaine, glockenbehängte Kühe – man könnte sich fast im europäischen Mittelgebirge wähnen. Ein weiteres Erbe der Kolonialzeit ist eine sehr gemischte, insgesamt überdurchschnittlich gut Englisch sprechende Bevölkerung von Indern, Shan, Bamar und vielen *Gurkhas* – Nepalesen, die einst im Militärdienst der Krone standen.

Kalaw ist Ausgangspunkt für Wanderungen auf die Gipfel der Shan-Berge und in die dortigen Dörfer der Danu, Pa-O und Palaung. Neben Obst, Gemüse und Tee werden an den Hängen auch die für die birmanischen Cheroot-Zigaretten verwendeten Blätter des *thanaq-hpeq*-Baumes *(Cordia dichotoma)* geerntet. Sie begegnen freundlichen Menschen und genießen einen herrlichen Blick auf die Berge.

HOTELS

Amara Mountain Resort €€–€€€
Das Hotel bewahrt den einstigen Charme einer 1909 erbauten Kolonialvilla. Zehn rustikale Zimmer mit Kamin und Salon.

TOUREN IM SHAN- UND KAYAH-STAAT

TOUR 5

LÄNDLICHES IDYLL

Kalaw > Pindaya > Loikaw > Sagar > Inle-See

TOUR 6

ENTLANG DER ALTEN BURMA ROAD

Pyin U Lwin > Hsipaw > Lashio

- 10/182 Thida Rd. | Kalaw
  Tel. 081/50734 und 50415
  www.amara-resort.com

Kalaw Hill Lodge €€–€€€
Knapp 5 km südlich von Kalaw in herrlicher Berglandschaft gelegenes 32-Zimmer-Resort mit Spa.
- Nanthe Village | Kalaw
  Mobil 09/8632277
  www.kalawhilllodge.com

RESTAURANTS

Red House €€
Schönes Kolonialhaus mit leckeren westlichen, aber auch birmanischen Speisen. Zudem gute Infobörse.
- 4/111 Minn Road
  Kalaw

MÄRKTE RUND UM PINDAYA

Mehrere Orte wechseln sich im Fünf-Tage-Rhythmus mit einem Markt ab. Sie werden auch gern von Angehörigen der Minderheiten besucht. Zu den größten und wichtigsten Märkten zählen:
- **1. Tag:** Heho, Kyone (bei Pindaya), Taung Tho (Inle-See)
- **2. Tag:** Taunggyi, Aungban, Ywama (Schwimmender Markt)
- **3. Tag:** Pwe Hla (bei Pindaya), Maing Thauk (Inle-See), Phaung Daw U (Inle-See)
- **4. Tag:** Shwenyaung, Kalaw, Khaung Daing (Inle-See), Indein (Inle-See)
- **5. Tag:** Nyaung Shwe, Pindaya, Nampan (Inle-See)

Thirigayha (Seven Sisters) €
Das bei Rucksacktouristen beliebte Restaurant serviert europäische, indische, birmanische, chinesische und Shan-Küche.
- 7 Main Rd. | Kalaw

AKTIVITÄTEN

Hotels und Restaurants in Kalaw vermitteln Guides für ein- oder mehrtägige Bergtouren mit Übernachtungen in den Dörfern. Anspruchsvoller und interessanter sind mehrtägige Wanderungen nach Pindaya und zum Inle-See. > **mehr S. 13 Punkt 10**

PINDAYA 2 ★ D6

Schon von Weitem kann man an einem grünen Berghang die weißen Schreine und Treppenaufgänge der **Tropfsteinhöhle** von Pindaya leuchten sehen. Sie birgt im Inneren über 8000 Statuen, darunter einige recht große, aus Marmor, Ziegeln, Lack, Alabaster und Teak. Die älteste datiert aus dem späten 18. Jh. Stellenweise sind die Figuren treppenartig an den Wänden gestaffelt, zu kleinen Labyrinthen gruppiert oder in Seitengängen versteckt. Den Höhleneingang dominiert der vergoldete Shwe-U-Min-Stupa, fast kreisförmig umgeben von goldenen Statuen, die sich im Dunkel dahinter verlieren. Kondenswasser hält drei der Statuen ständig feucht – die »schwitzenden Buddhas« gelten als besonders magisch. Einige Stalagmiten geben nach Anschlag tiefe, gongartige Töne von sich, die schaurig-schön durch die Gewölbe rollen. > mehr S. 13 Punkt 10

Das idyllische Marktstädtchen **Pindaya** mit seinen 150 Jahre alten Banyanbäumen ist ebenso reizvoll wie die berühmte Höhle. Der Ort liegt auf dem Shan-Plateau, mit einem kleinen **See** in der Ortsmitte, der von vielen Erwachsenen und Kindern zum Waschen und Baden genutzt wird und daher stets von reger Betriebsamkeit umgeben ist.

ANREISE

Die Fahrt von Kalaw ins 48 km nördlich gelegene Pindaya ist eine landschaftlich wunderschöne Strecke, besonders zum Ende der Regenzeit (Okt./Nov.), wenn die zahllosen gelben Blüten der ölhaltigen Nigersaat die Felder in herrlich leuchtende Blumenteppiche verwandeln. > **mehr S. 17 Punkt 28**

HOTELS

Conqueror Resort Hotel €€
Weitläufige Bungalowanlage unweit der Tropfsteinhöhle mit nettem Restaurant.

- Pindaya | Tel. 01/4481211
  www.conquerorresorthotel.com

Pindaya Farm House €€
Stilvolles Shan-Haus mit nur fünf Zimmern im Dorf Thit Al Pin in herrlicher ländlicher Umgebung.

- Pindaya | Mobil 09/250627805
  pindayafarmstay@gmail.com

SHOPPING

- Der Ort ist bekannt für verschiedene Trockenfrüchte sowie *lephet thoke*, pikant eingelegte Teeblätter. Sie werden am Aufgang zur Höhle angeboten. Der Tee, in Bambusröhren verpackt, ist ungefähr zwei Monate haltbar und damit ein ideales Mitbringsel. > **mehr S. 15 Punkt 17**
- Mehrere Handwerksbetriebe schöpfen Papier aus der Maulbeerbaumrinde und produzieren bunte Schirme.

DIE SHAN

Völkerkundlich und sprachlich enge Verwandte der Thais, werden die Shan von diesen respektvoll als Thai Yai bezeichnet, die »großen« bzw. »älteren« Thais. Sie selbst nennen sich Tai, kurz und mit weichem »T« gesprochen. Vermutlich haben sie Myanmar vor den Birmanen erreicht, und die Geschichte des Landes ist schmerzlich geprägt von den jahrhundertelangen, wechselvollen Kämpfen der beiden Völker um die Vorherrschaft. Im Shan-Staat gründeten sie in der frühen Neuzeit 34 relativ stabile Fürstentümer, die in Kapitel 10 der Verfassung von 1947 nach zehnjähriger Bedenkzeit das Recht auf Sezession erhielten. Als diese von einigen der Shan-Fürsten tatsächlich gefordert wurde, ließ Ne Win 1962 das Gebiet besetzen und alle Fürsten, die nicht rechtzeitig geflohen waren, inhaftieren. Von einigen hat man seither nichts mehr gehört. Die Forderung nach Unabhängigkeit wurde allerdings nie ganz aufgegeben, und so sind einige Rebellengruppen weiterhin sehr aktiv.

Das kulturelle Erbe der Shan ist schwer nachzuvollziehen, da ihr bevorzugter Werkstoff Teakholz kaum mehr als 200 Jahre übersteht und sich ihre Fürsten nie für monumentale Architektur begeisterten. Fast alle Shan sind Buddhisten und leben in Dorfgemeinschaften der Hochtäler vom Ackerbau.

INLE-SEE 3 6 D6

NYAUNG SHWE

Vom einstigen Fürstenstädtchen starten die meisten Exkursionen zum touristisch bestens erschlossenen Inle-See, mit dem es durch einen Kanal verbunden ist. Das **Cultural Museum** ist im ehemaligen Shan-Palast untergebracht, der in seinem heutigen Zustand eher an eine Rumpelkammer erinnert. Eindrucksvoll sind jedoch zwei Audienzhallen und ein Thron, alles aus Teak, sowie die Sammlung der Buddha-Statuen (Mi–So 10–16 Uhr). Einen recht ungewöhnlichen Anblick bietet der treppenförmige Stupa der **Yadana-Man-Aung-Pagode,** die einige schöne Buddhas und Holzschnitzereien hütet. Besuchenswert ist außerdem der lebendige **Mingalar-Markt.** An der Zufahrtsstraße, ein paar Kilometer nördlich von Nyaung Shwe, liegt das von einem Shan-Fürsten 1888 gestiftete Holzkloster **Shwe Yan Bye Kyaung,** dessen markante ovale Öffnungen ein beliebtes Fotomotiv sind. > mehr S. 18 Punkt 39

Wenn die Sonne gegen 16 Uhr etwas tiefer steht, empfiehlt sich eine **Kanufahrt** durch Schwimmende Gärten zu einigen Dörfern und Handwerksstätten. Zudem bietet sich eine schöne Fahrradtour nach Südosten zu den 4 km entfernten Red Mountain Estate Vineyards & Winery an. Dort können Sie in einem offenen Pavillon bei herrlichem Blick auf den See und leckeren Speisen inmitten der Weinberge die edlen Tropfen probieren. Insgesamt gedeihen neun Rebsorten, darunter Cabernet Sauvignon, Pinot Noir und Sauvignon Blanc. Die Kelterei kann besichtigt werden.

ANREISE

Der nächste Flughafen liegt in Heho (1 Std. Fahrzeit), die nächste Bahnstation in

PHAUNG-DAW-U-FEST

Auf den schmalen Langbooten herrscht Party-Stimmung. Mehrere Dutzend junger Männer stehen hintereinander aufgereiht und schieben mit ihrem Bein das Ruder kräftig nach hinten. Sie singen und lachen, einige tanzen auch. Fast jedes Dorf am Inle-See ist bei der Wasserprozession mit einem eigenen Langboot beteiligt. Miteinander durch Seile verbunden, ziehen die Boote eine goldene Barke mit den berühmten Buddhas aus der Phaung-Daw-U-Pagode von einem Ort zum anderen. Dort werden die Statuen zur Verehrung ins Kloster gebracht, um am nächsten Tag weiter zu ziehen.

Das berühmte Phaung-Daw-U-Fest findet alljährlich in den drei Wochen vor dem Oktober-Vollmond statt. Höhepunkt ist am letzten Tag die Rückkehr der Buddhas in ihre Pagode in Ywama. Dann messen sich die Einbeinruderer bei Bootsrennen, auf dem bunten Markt herrscht Hochbetrieb, und alle sind sich einig, dass dies das schönste Fest im südlichen Shan-Staat ist.

Ein Stelzenhaus auf dem Inle-See mit gewagter Konstruktion

Shwenyaung mit Zügen zum Eisenbahnknotenpunkt Thazi in Zentral-Myanmar (ca. 9 Std., schöne Strecke!).

HOTELS

In Nyaung Shwe gibt es eine Vielzahl von Unterkünften für jeden Geldbeutel.

Amazing Nyaung Shwe €–€€
Besticht durch stilvolle Zimmer und ein gutes Restaurant am Kanal.
- Yone Gyi Rd. (am Mong-Li-Kanal)
  Nyaung Shwe | Tel. 081/209477
  www.hotelamazingnyaungshwe.com

Princess Garden Hotel €
Tadellos geführte Bungalowanlage mit kleinem hübschem Garten und Swimmingpool. Im Haupthaus wird ein üppiges Frühstück serviert.
- Mine Li Quarter | Nyaung Shwe
  Tel. 081/209214
  princessgardenhotel@gmail.com

RESTAURANTS

Golden Kite Restaurant €
Hier bekommen Sie gute Shan- und chinesische Küche. Probieren sollten Sie auch die selbstgemachten Pastas.
- Ecke Myawady Rd./Yone Gyi Rd.
  östl. des Mong-Li-Kanals
  Nyaung Shwe

Green Chilli €
Gute Adresse für leckere Thai-Currys und diverse Shan-Gerichte in luftigem Ambiente. Tipp: die Fischgerichte.
- Hospital Rd. | Nyaung Shwe
  Tel. 081/209132

AUF DEM SEE

Im 22 km langen und bis zu 11 km breiten Gewässer spiegeln sich die Shan-Berge. Wasserpflanzen bedecken den gesamten Boden des nur 2–3 m tiefen Sees und drohen ihn allmählich zu ersticken. Die rund um den Inle siedelnden Intha stammen vermutlich von Einwanderern ab, die im 14. Jh. aus Dawei › S. 81 kamen. Ihrem Namen, »Menschen vom See«, machen sie alle Ehre, denn sie haben sich vollständig an das Leben mit und auf dem Wasser angepasst. Die Boote rudern sie meist in einem weltweit einmaligen Stil: stehend mit einem Bein.

Ihre **Schwimmenden Gärten** bestehen aus bis zu 100 m langen, aber nur etwa 1 m breiten Streifen dicht ineinander verwobener Wasserhyazinthen, in denen sich eine dicke, sehr fruchtbare Erdschicht angesammelt hat. Sie werden vom Seeufer losgeschnitten, aufs offene Wasser hinausgeschleppt, dort verankert und dann vom Kanu aus bearbeitet. Das scheinbar aufwändige Verfahren ist wirtschaftlicher als der Anbau entlang des zugewucherten Ufers.

THARLE

Im Dorf Tharle stehen die Holzhäuser auf Pfählen und sind teils durch Brücken miteinander verbunden. Die Bewohner haben romantische Wasserwege in die dichte Vegetation geschnitten. Die Hauptattraktion des Ortes ist das **Phaung-Daw-U-Kloster**, das wichtigste Heiligtum des südlichen Shan-Staates. Hier finden Sie im Erdgeschoss einen Andenkenmarkt und im Obergeschoss fünf unförmige Goldklumpen, unter denen sich Buddhastatuen verbergen. Da die Bevölkerung sie seit Jahrhunderten mit Goldblättchen bedeckt, haben sie ihre ursprüngliche Gestalt verloren.

WEITERE SEHENSWÜRDIGKEITEN

Das **Nga-Phe-Chaung-Kloster**, ein 1843 von den Dorfbewohnern gestifteter Teakholzbau, steht am Rand der Siedlung Kay La auf dem See. Über 650 Pfähle wurden in den Seegrund gerammt, um das hallenartige Gebäude zu stützen. In seinem Inneren birgt es eine herausragende Sammlung von Buddha-Figuren im Shan-Stil. › mehr S. 16 Punkt 26

Auf dem See befinden sich einige sehenswerte, wenn auch ziemlich touristische Werkstätten, darunter Cheroot-Manufakturen, Silber- und Eisenschmiede. Im Dorf **Inpawkone** lohnt der Besuch einer Seiden- und Lotosweberei. Dort liegt auch das Inle Heritage House (www.inleheritage.org) mit Restaurant, Katzenzucht und Dokumentation über den See. › mehr S. 18 Punkt 38

INDEIN D6

Über mehrere Zuflüsse erreichen Sie das westlich des Sees gelegene Indein. Vom Ort führt ein überdachter Weg auf eine Anhöhe, wo über 1000 halb verfallene Stupas im Shan-Stil (wohl 17. Jh.) den Zentralzedi umgeben. Von Indein können Sie auch über Dörfer der Pa-O Richtung Norden nach Khaungdaing (15 km) wandern. › mehr S. 14 Punkt 12

INFO

Schirm, Wasser und im Winter warme Decken sind für die Tour unerlässlich. Viele Boote haben dies zwar an Bord, doch sollten Sie sich dessen vor der Fahrt versichern. Der See liegt 900 m ü. d. M., weshalb es zwischen November und Januar morgens noch sehr frisch sein kann.

HOTELS

Die genannten Unterkünfte befinden sich auf dem oder am See.

Inle Princess €€€
Wunderschön gelegen und konzipiert – im Stil eines alten Shan-Palastes. Bestes Haus der Gegend.
- Maing Thauk | Inle-See
  Tel. 081/209055
  www.inle-princess.com

Golden Island Cottages 1 und 2 €€
Die beiden Anlagen auf dem See werden von der Pa-O National Organisation betrieben. Zimmer in stilvollen Bambushütten. Das Restaurant bietet Pa-O- und Shan-Gerichte.
- Nampan bzw. Thale U | Inle-See
  Tel. 081/209390 (Nampan)
  Tel. 081/209389 (Thale U)
  www.gichotelgroup.com

Hu Pin Khaung Daing Resort €€
Weitläufige Anlage am Westufer des Sees beim Dorf Khaung Daing. Bungalows in diversen Stilen.
- nle Lake West Corridor Rd.
  Khaung Daing | Mobil 09/5146630
  www.hupin.xyz

SHOPPING

Bei der Bootstour kann man allerlei Handwerksbetriebe aufsuchen, vom Schmied bis zur Weberei. Es macht Spaß, an den Souvenirständen zu feilschen, allerdings lässt die Qualität vieler Waren zu wünschen übrig. Bei angeblicher Seide hilft die »Feuerprobe« › **S. 51**, bei den Baumwolltaschen sollte man die Nähte genauer inspizieren. Sehr schön sind die Holzschnitzarbeiten, auch bei Lackwaren mit schlichtem Shan-Design wird man fündig.

Verfallener Stupa in Indein

AUSFLUG ZUM SAGAR-SEE 4 ★ D6

Eine sehr schöne Bootstour führt ins Gebiet der Pa-O südlich des Inle-Sees. Hauptattraktion ist der zwei Bootsstunden entfernte, in den 1970er-Jahren aufgestaute **Sagar-See** (auch Samkar) mit Hunderten von Stupas im Shan-Stil bei der Takhaung-Mwetaw-Pagode.

Nicht weit entfernt liegt das nette Örtchen **Sagar Myothit,** wo Sie an einem schönen Kloster mit baufälligen Stupas vorbei durch die Straßen spazieren können. Auf der Bootsfahrt dorthin empfehlen sich Stopps in den Dörfern **Thaung Tho** und

Kyauk Daing, wo alle fünf Tage ein bunter Markt stattfindet. Sie können von Sagar auch weiter bis nach **Phekon** fahren.

HOTEL UND RESTAURANT

Little Lodge €€

Wunderschön und gediegen, mitten im Dorf. Gute birmanische Küche.

- Sagar | Mobil 09/6810445 littlesamkarlodge@gmail.com

TOLLE WANDERUNGEN

- Rund um **Kalaw** sind die Dörfer der Danu und Palaung beliebte Wanderziele. > S. 113
- Am Westufer des Inle-Sees führt eine interessante Tagestour von **Indein** durch Pa-O-Dörfer nach Khaungdaing. > S. 118
- Vom Pagodenfeld in **Kakku** südlich von Taunggyi bietet sich eine 1–2-tägige Wanderung zum Inle-See an. > S. 121
- **Kyaing Tong** im östlichen Shan-Staat ist eine weitere gute Ausgangsbasis für Trekkingtouren zu Dörfern der Minderheiten, etwa zu den Akha. > S. 121
- Für anspruchvolle Trekkingtouristen dient **Putao** im Kachin-Staat als Startpunkt mehrtägiger Touren in die südlichen Ausläufer des Himalaya. > S. 130
- Der 3109 m hohe **Mt. Victoria** im Chin-Staat ist aufgrund seiner Vogel- und Pflanzenvielfalt ein populäres Ziel für Naturfreunde. > S. 145

TAUNGGYI 5 D6

Die Hauptstadt des Shan-Staates liegt auf 1400 m Höhe, von Pinienwäldern umgeben, eingebettet zwischen üppig begrünten Gipfeln – und sie überrascht mit beinahe europäisch kühlem Klima, nachts wird es sogar frisch.

Die florierende Stadt ist Warenumschlagplatz für den Süden des Shan-Staats und für Schmuggelgut zwischen Indien, China und Thailand. Was ihr an Sehenswürdigkeiten fehlt, macht sie mit einer lockeren, multikulturellen Atmosphäre wett, denn hier treffen Chinesen, Bamar, Shan, Gurkhas, Inder, Pa-O und andere Volksgruppen aufeinander.

STADTRUNDGANG

Das **Shan State Museum** zeigt eine Sammlung von Kleidungsstücken und Gebrauchsgegenständen der in der Region lebenden 30 Minderheiten. Das obere Stockwerk ist dem Panglong-Abkommen von 1947 gewidmet (Di–So 10–16 Uhr).

Der riesige **Zentralmarkt** ist in einem modernen, gesichtslosen Bau untergebracht, in dem vorwiegend Waren aus China und Thailand umgeschlagen werden. Von der oberhalb der Stadt gelegenen **Wunscherfüllungs-Pagode** hat man einen herrlichen Blick in die Ebene um den Inle-See.

Versäumen Sie keinesfalls den Besuch einer Cheroot-Manufaktur, beispielsweise der Red Star Cigar Factory in der Zinyaw Road. > mehr S. 16 Punkt 27

AUSFLUG

Im Dorf **Ayethaya** am Westrand von Taunggyi erstreckt sich Myanmars erstes, 1999 von einem Deutschen auf 1200 Höhe gegründetes Weingut. Die edlen Tropfen (inkl. Grappa) kann man im Restaurant bei herrlichem Ausblick kosten.

INFO

Das MTT im Taunggyi-Hotel > **unten** vermittelt Guides, Tel. 081/21303.

ANREISE

Taunggyi ist per Bus mit Mandalay und Yangon verbunden. Der nächste Flughafen liegt in Heho (38 km). Für den Landweg in Richtung Osten nach Kyaing Tong bedarf es einer Sondergenehmigung

HOTEL

Taunggyi Hotel €–€€

Die staatliche Unterkunft liegt inmitten einer netten Parkanlage, doch die Zimmer sind sehr steril. Auch das Restaurant könnte besser sein.

- Shu Myaw Khin Rd. | Taunggyi Tel. 081/21127

RESTAURANTS

Probieren Sie unbedingt *kauk sweh*, eine leckere Nudelsuppe, in einem der vielen Nudelshops.

AUSFLUG NACH KAKKU 6 D6

Eine Tagestour führt Sie durch Pa-O-Dörfer zum 42 km südlich von Taunggyi gelegenen **Pagodenwald von Kakku** 7. Die mehr als 2500 Stupas im eleganten Shan-Stil (wohl 16. Jh.) liegen in einem von der Pa-O National Organisation (PNO) kontrollierten Gebiet. Sie können den Ort auch über einen 1- bis 2-tägigen Wanderweg vom Inle-See aus erreichen. Entlang der Strecke laden Dörfer der Pa-O zu einem Besuch ein. > **mehr S. 15 Punkt 20**

INFO

Vor der Tour müssen Sie in Taunggyi das Büro der PNO (65 Western Circular Rd., Hawgone, Tel. 081/21246 89, Mobil 09/73254615,) aufsuchen, um zum einen den Eintritt (3 US-$) zu entrichten und zum anderen den obligatorischen Pa-O-Guide (5 US-$) zu engagieren.

KYAING TONG 7 8 E5

Fast ein Millennium lang war Kyaing Tong Hauptstadt eines unabhängigen Fürstentums der mit den Thais eng verwandten Tai-Khün-Minorität. In etwa gleicher Entfernung zu den Grenzen mit China, Laos und Thailand gelegen, nach allen Seiten durch hohe Berge und breite Flüsse abgeschirmt, konnte sich der 787 m hoch gelegene Ort bis heute eine eigenständige Identität bewahren und ist Ausgangspunkt für Wanderungen in die Dörfer der Minderheiten. Um den kleinen **Nong-Tong-See** herum ziehen sich enge Gassen, gesäumt von windschiefen Häusern und (leider) immer mehr gesichtslosen Bauten. Als unumstrittenes Zentrum des Grenzhandels der Region erfreut sich Kyaing Tong eines gewissen Wohlstandes: Über 30 Pagoden und Klöster sind Beweis dafür.

Auf dem Zentralmarkt versammelt sich das bunteste Völkergemisch in Myanmar überhaupt: Lisu, Akha und Lahu, die als Ureinwohner der Region geltenden Än, Tai, Tai Khün, Tai Lü und Wa. Auf dem Weg nach Tachilek bietet sich ein Abstecher zum alten, 1600 m hoch gelegenen britschen Außenposten **Loi Mwe** (»Nebelberg«) an.

ANREISE

Der Flugplatz von Kyaing Tong wird von Maschinen aus Yangon, Heho und Mandalay angeflogen. Der Landweg nach Taunggyi ist für Touristen geschlossen. Dafür ist die Straße nach Tachilek (167 km) und Mong La nahe der chinesischen Grenze für Ausländer offen.

HOTELS

Princess Hotel €–€€

Die Unterkunft im Stadtzentrum verfügt über 19 angenehme Zimmer und verwöhnt die Gäste mit gutem Service, wie beispielsweise der Vermittlung von Guides für Trekkingtouren.

- 21 Zaydankalay St. | Kyaing Tong Tel. 084/21319

Noi Yee Motel €

Die Budgetunterkunft in einem schönen Kolonialbau bietet einfache Zimmer.

- 5 Mai Yang St. (Hauptstraße) Kyaing Tong | Tel. 084/21144

Harry's Guest House €

Beliebte Travellerbleibe mit verschiedenen Zimmerkategorien am nördlichen Stadtrand. Fahrradverleih.

- 132 Mai Yang Rd. | Kyaing Tong Tel. 084/21418

RESTAURANTS

Rund um den Markt finden Sie eine Reihe einfacher, guter Lokale, die Reisnudeln und Suppen anbieten (nur vormittags!).

Cafe 21 €

Guter Kaffee und Desserts, daneben herzhafte Speisen in modernem Ambiente.

- 19 Zay Don Loang Street | Kyaing Tong Tel. 084/21952

AKTIVITÄTEN

Die meisten Unterkünfte vermitteln Guides für eintägige Trekkingtouren in die Umgebung. Derzeit sind mehrtägige Ausflüge mit Übernachtung im Dorf nicht möglich.

TREKKING IN MYANMAR

Wenn Sie mehrtägige Wanderungen unternehmen wollen, nehmen Sie unbedingt warme Jacken, gute Schuhe, Schlafsack und Moskitonetz von zu Hause mit. Da Sie zumeist in Dorfklöstern oder Privathäusern nächtigen, sollten Sie unbedingt mit einem einheimischen Führer starten, der mit den Bewohnern, meist Angehörige der Minderheiten, kommunizieren kann. Fotografieren Sie nur nach Anfrage und respektieren Sie die religiöse und private Sphäre des Ortes (keine Körperberührungen, niemals Füße gegen Altar oder Personen ausstrecken). Geben Sie Kindern keine Süßigkeiten oder Geld, da dies zum Betteln verleitet. Hinterlassen Sie stattdessen lieber eine Spende und erwerben Sie lokale Handarbeiten.

Thailändische Tagestouristen nutzen den Grenzübergang in Tachilek

TACHILEK 8 E6

Die Grenzstadt erstreckt sich entlang eines schmalen Stromes und ist mit dem thailändischen Ort Mae Sai durch eine Brücke verbunden. Ihre Nachbarschaft zu Thailand zieht wahre Käuferscharen an, in der Regel Tagestouristen und Händler, die hier auf chinesische Raubkopien aus sind – gezahlt wird in thailändischen Baht. Doch außer Shopping hat Tachilek nicht viel zu bieten. Der Aussicht wegen lohnt ein Besuch der **Shwedagon-Pagode,** einer verkleinerten Replik des Yangoner Originals, die auf einer Anhöhe steht und 1998 auf Initiative des Militärs eingeweiht wurde.

INFO

Das MTT-Büro auf der Grenzbrücke (Tel. 084/51023) hilft bei der Reiseplanung und vermittelt Taxis nach Kyaing Tong.

ANREISE

Vom nahen Flugplatz starten Flieger nach Mandalay und Yangon. Die Einreise aus/nach Thailand ist problemlos möglich.

HOTEL

Allure Resort €€

Bei thailändischen Geschäftsleuten beliebtes Resort direkt am Fluss mit Komfortzimmern und Dutzenden Spielautomaten.

- Tel. +66/1/5301113 (Thailand) Tachilek www.allureresort.com

PYIN U LWIN 9 9 C5

In den Bergen östlich von Mandalay liegt in 1100 m luftig-frischer Höhe der alte Erholungsort der Briten: Pyin U Lwin. May Myo, die »Stadt des May« wie die Briten den Ort nach einem Oberst nannten, zieht seit der Gründung 1896 eine bunte Menschenschar an: Nepalesische

Der Gokhteik-Viadukt

Gurkhas, deren Vorfahren in der Kolonialarmee dienten, indische und pakistanische Geschäftsleute, chinesische Migranten, Shan und andere Minoritäten aus den Bergen sowie Bamar, die sich ein Leben im Luftkurort leisten können.

Es gibt einige Kirchen, Moscheen und Pagoden, zwei chinesische und einen Hindutempel, alles hübsch, aber nicht unbedingt sensationell. Das angenehme Klima, die schöne Landschaft, eine reiche Flora, bunt angemalte Pferdekutschen und die wundervolle Architektur der zahlreichen Villen im Kolonialstil verhelfen dem idyllischen Flecken zu einer herrlich entspannten, nostal-

ÜBER DEN GOKHTEIK-VIADUKT

Die wohl schönste Bahnstrecke Myanmars führt von Mandalay über Pyin U Lwin und Hsipaw nach Lashio. Die Fahrtzeit für die insgesamt 280 km lange Strecke beträgt 12–14 Stunden. Höhepunkt ist der berühmte, 690 m lange Gokhteik-Viadukt, der über einen tiefen, breiten Taleinschnitt führt. Nach nur neun Monaten Bauzeit konnten amerikanische Ingenieure das 4300 t schwere »Monster silberner Geometrie zwischen Felsen und Urwald«, wie Paul Theroux die technische Meisterleistung beschrieb, 1903 fertigstellen.

Östlich von Pyin U Lwin durchquert der Zug zunächst eine fruchtbare Hochebene. Den Viadukt erreicht die Bahn etwa 2,5 Std. später. Im Schneckentempo kriecht der Zug über die schwindelerregend hohe Stahlbrücke, die ihr Verfallsdatum längst überschritten hat. Nach insgesamt fast sieben Stunden erreicht er die Fürstenstadt Hsipaw. In der Fürstenstadt können Sie die Fahrt unterbrechen, um später nach Lashio (4–5 Std.) weiterzufahren.

gischen Atmosphäre. Schlendern Sie gemütlich durch den schon 1917 angelegten, 100 ha großen **Botanischen Garten,** in dem Sie garantiert mit neugierigen Einheimischen ins Gespräch kommen.

Die mehrstufigen **Anisakan-Wasserfälle** einige Kilometer außerhalb lohnen einen ganztägigen Ausflug mit Picknick.

ANREISE

Pyin U Lwin liegt an der Bahnlinie und Hauptstrecke Mandalay–Lashio.
Falls Sie nach Mandalay zurückfahren, starten Sie am besten am späten Nachmittag: Dann verwandelt die Abendsonne die Ebene in ein blendend goldenes Meer.

HOTELS

Aureum Palace Hotel & Resort €€–€€€
Weitläufige, luxuriöse Bungalowanlage an der Einfallstraße aus Richtung Mandalay mit 66 Zimmern und Innenpool. Leider nicht sehr gut gemanagt.

- Mandalay-Lashio Highway
  Pyin U Lwin
  Tel. 085/23215
  www.htoohospitality.com

Kandawgyi Hill Resort €€
Gediegenes Resort unweit eines Sees mit Bungalows und nur 15 Zimmern.

- Nanda Rd. | Pyin U Lwin
  Tel. 085/21839
  bzw. 01/399334 (Buchung)
  www.htoohospitality.com

RESTAURANTS

Barista-Khine Coffee Shop €
Gegenüber dem Pyidawthar-Kloster.
› mehr S. 15 Punkt 21

- Ziwacka Rd./Pyidawthar 2 St.
  Pyin U Lwin

Club Terrace €
Hier stimmen Ambiente des Golfklubs und die guten Gerichte.

- 25, The Club Rd. | Pyin U Lwin

HSIPAW 10 ★ D5

Wenn Sie Freude an Berglandschaften und Pagoden oder ein Faible für Züge haben, dann machen Sie auf einer der schönsten Strecken Myanmars einen Abstecher nach Hsipaw (birm. Thibaw), einer Shan-Stadt mit einem netten **Markt** und einem europäisch angehauchten **Shan-Palast.** In dem 1924 fertiggestellten Komplex verbrachte die Österreicherin Inge Sargent neun Jahre als »Mahadevi Sao Thusandi« › S. 152.

Mit dem Fahrrad kann man Hsipaw und die herrliche Gegend erkunden, vorbei an einem Nat-Schrein, altertümlichen Klöstern und den Grabstätten der Shan-Fürsten.

Die farbenprächtige **Bawgyo-Pagode** liegt 6 km vor der Stadt. Ihre vier Buddhas sind das größte Heiligtum des nördlichen Shan-Staates. Zu Vollmond im Februar/März wird hier ein rauschendes Fest gefeiert.

HOTEL

Riverside @ Hsipaw €€
Hübsches Resort auf der östlichen Flussseite mit 20 geschmackvollen Zimmern plus Restaurant und Spa.

- 29/30 Myohaung Village | Hsipaw
  Tel. 082/80721 | www.hsipawresort.com

Mr. Charles Hotel €
Bei Travellern beliebte Komfortunterkunft mit Trekkingangeboten.
- 105 Auba Rd. | Hsipaw | Tel. 082/80105 www.mrcharleshotel.com

AKTIVITÄTEN

In der hügeligen Umgebung von Hsipaw bieten sich Spaziergänge und Wanderungen an. Karten und Guides gibt es im Mr. Charles Hotel. Auch das 85 km entfernte Namshan ist eine gute Basis für Wanderungen.

LASHIO 11 D4

Das 857 m hoch gelegene Lashio ist die größte Stadt des nördlichen Shan-Staates. Seit Öffnung der Grenzen zu China Anfang der 1990er-Jahre hat sie sich ganz dem Handel mit dem Nachbarn verschrieben. Über die Hälfte der rund 150 000 Einwohner ist chinesischer Abstammung. An Attraktionen hat die Stadt nicht viel zu bieten, seit sie Mitte des 19. Jhs. bei einer Rebellion der Shan gegen die Bamar nahezu zerstört wurde. Stolz präsentiert sich die chinesische Gemeinde mit ihrem 1950 fertiggestellten, imposanten **Kuan Yin San-Tempel** oberhalb des Stadtteils Lashio Lay. Die Shan ihrerseits bevorzugen die **Mansu-Pagode** aus dem 19. Jh. mit schreckenerregenden Dämonen-Figuren. Ihre vielleicht reisemüden Glieder können Sie in den **heißen Quellen** nordöstlich der Stadt wieder in Schwung bringen.

ANREISE

Busse und Züge fahren in 6 bzw. 16 Std. nach Mandalay.

HOTEL

Golden Hill Hotel €€
Solides Stadthotel mit 50 sauberen Zimmern in zwei Kategorien.
- Bagan St. Ecke Hnin Si St. Lashio | Tel. 082/25656

Markttreiben in Lashio

UNTERWEGS IM KAYAH-STAAT

Myanmars kleinster und mit nur 290 000 Menschen recht spärlich besiedelter Unionsstaat war aufgrund des jahrzehntelangen Bürgerkrieges für ausländische Besucher geschlossen. Und noch heute kann man nur wenige Orte bereisen. Unter den neun Volksgruppen erlangten die »Langhalsfrauen« fragwürdige Berühmtheit, nachdem viele von ihnen nach Thailand flohen und dort erfolgreich touristisch vermarktet wurden. Heute kann man die Kayan Lahwi, wie sie sich selber nennen, in Dörfern rund um Phekon und Demoso besuchen.

LOIKAW 12 D7

Die 900 m hoch gelegene Hauptstadt des Kayah-Staates schmiegt sich an den Balu-Fluss und ist in erste Linie Basis für die Erkundung der hübschen Umgebung. Doch gibt es auch in der Stadt einiges zu sehen, allen voran den gut erhaltenen **Thiri Mingalar Haw.** Nach seiner Einweihung 1914 diente der schmucke Holzbau dem letzten Kayah-Fürsten U Saw Khun Li als Residenz und wurde 1994 in ein Kloster umgewandelt. Im Inneren erinnern noch einige Fotos an die alte Zeit.

Schon allein der Lage wegen lohnt ein Besuch der **Taung Kwe-Pagode** im Süden der Stadt, deren Gebäude sich zwischen und auf der schmalen Spitze von zwei Karsthügeln verteilen. Von oben eröffnet sich ein schönes Stadtpanorama.

Wie überall in Myanmar ist auch in Loikaw der stets gut besuchte **Thiri Mingalar-Markt** sehenswert. Wer mehr über den Kayah-Staat erfahren möchte, kann im Norden der Stadt einen Blick in das etwas angestaubte **Kayah State-Museum** (Di–So 9–16 Uhr) werfen. Ebenfalls im Norden liegt die 2000 eingeweihte **Christ the King Cathedral,** welche als Bischofssitz spirituelles Zentrum der etwa 20 % Katholiken im Kayah-Staat ist.

AUSFLÜGE

Loikaws Reiz liegt in erster Linie in seiner Umgebung. So auch im 2 km östlich gelegenen Dorf **Dor Sor Bee,** wo auf einem großen Platz Dutzende von Holzpfählen als spirituelle Pole gen Himmel ragen und jährlich zum Neujahrsfest der Kayah im April Schauplatz einer Zeremonie sind. Rätselhaft sind indessen die bis zu 5 m langen, innen hohlen Baumstämme, die in der 15 km östlich von Loikaw gelegenen »Geisterhöhle«, **Kyet Ku** (auch Yarsu Ku) lagern. Vermutlich dienten sie in Vorzeiten als Särge.

Zu den klassischen Ausflugszielen gehört ein Besuch in **Pan Pet,** einem Bergdorf der Kayan Lahwi, wo einige »Langhalsfrauen« Ziel fotofixierter Touristen sind, aber auch etwas von ihrer Lebenswelt zeigen. Sehr schön ist eine Bootsfahrt von dem am Balu-Fluss gelegenen Intha-Dorf **Paya Phyu** zurück nach Loikaw.

Karte S. 113

Wer die Taung Kwe-Pagode in Loikaw sehen möchte, sollte schwindelfrei sein

ANREISE

Tägliche Flüge und Busse von Yangon. Charterboote vom Inle-See nach Phekon und von dort weiter mit dem Pickup.

HOTELS

Loikaw Lodge by the Lake €€

Boutiquehotel am See mit zwölf liebevoll gestalteten Zimmern, guter Küche und interessantem Ausflugsprogramm.

- 377 U Ni St. | Loikaw
  Tel. 083/240161 | www.loikawlodge.com

Kayah Resort €€

Ruhig gelegenes Resort mit 24 wohnlichen Bungalows und Pool.

- U Khun Li St. | Loikaw
  Tel. 083/21374 | www.kayahresort.com

RESTAURANTS

Shwe Nagar Lay €

Am Fluss gelegenes Terrassenlokal mit guten chinesischen Gerichten und Shan-Speisen.

- am Balu-Fluss | Loikaw

KAYAN LAHWI

Keine Minderheit Myanmars ist so bekannt wie die Kayan Lahwi. Vermarktet werden sie als »Langhalsfrauen« oder unter ihrem Shan-Namen »Padaung« (Menschen mit glänzendem Metall umwickelt), weil sich die Frauen bis zu 10 kg schwere Messingspiralen um Hals, Arme und Beine wickeln. Ethnisch gehören sie den Kayah bzw. Karenni (Rote Karen) an, einem Volk der tibeto-birmanischen Sprachfamilie. Beheimatet in den Bergen des Kayin-Staates, flohen viele aufgrund des Bürgerkrieges nach Thailand. Als Grund für das Tragen der Messingspiralen gibt es fantasiereiche Erklärungen: Sie sollen vor Entführungen durch andere Gruppen und vor wilden Tieren schützen.

TOUR IM KACHIN-STAAT

TOUR 7

IM HOHEN NORDEN

ROUTE: Putao > Myitkyina > Bhamo

KARTE: Seite 129
LÄNGE: ca. 500 km
DAUER: min. 4 Tage (ohne Trekking)
PRAKTISCHE HINWEISE:

- Für den Besuch von Putao benötigen Sie eine Erlaubnis (über Reiseagentur und MTT zu besorgen).
- Zwischen Putao und Myitkyina müssen Sie fliegen (2x wöchentlich).
- Von Myitkyina nach Bhamo reisen Sie (128 km) am schönsten per Schiff auf dem Ayeyarwady weiter (Übernachten in Simbo). Mit dem Pick-up sind es mind. 10 Std.

TOUR-START:

Das isoliert gelegene **Putao** 1 > S. 130 eignet sich für anspruchsvolle Trekkingtouren in die einsame Bergwelt oder einfache Wanderungen in der flachen Umgebung.

TOUR IM KACHIN-STAAT

TOUR 7

IM HOHEN NORDEN

Putao > Myitkyina > Bhamo

Nach Ihrem Flug nach **Myitkyina** 2 > S. 130 starten Sie von dort zu Erkundungstouren, etwa nach Myitson zum Ursprung des Ayeyarwady. Auf dem Fluss fahren Sie später per Boot (auch per Pick-up über schlechte Straße möglich) nach Süden nach **Bhamo** 4 > S. 131 (von dort ist eine Fahrt mit einer IWT-Fähre nach Mandalay möglich).

UNTERWEGS IM KACHIN-STAAT

PUTAO 1 ★ D1

Der 1914 von den Briten als »Fort Hertz« gegründete Marktflecken liegt auf 400 m Höhe in einer fruchtbaren Ebene. Putao ist vor allem als Ausgangspunkt für Exkursionen in die südlichen Ausläufer des Himalaya interessant. Von hier aus ließe sich der mit 5881 m höchste Berg Südostasiens, der Hkakabo Razi, ansteuern. Man kann aber auch Ausflüge in die Umgebung machen oder den **Markt** besuchen.

ANREISE

Putao ist nur per Flugzeug zu erreichen. Es ist eine Genehmigung nötig, die Ihnen Reiseagenturen in Yangon besorgen.

HOTEL

Putao Trekking House €€

Komfortable Lodge mit Holzbungalows – eine perfekte Basis für Touren.

- 424/425 Htwe San Lane | Putao
  Tel. 01/656905 (Info und Buchung)
  www.putaotrekkinghouse.com

MYITKYINA 2 D3

Die Hauptstadt des Kachin-Staates liegt in einer Ebene am oberen Ayeyarwady. Die Kirchen und Pagoden der Stadt sind nicht allzu interessant, doch gilt Myitkyina als Hauptumschlagplatz für Jade aus den Minen von Hpakant. Wenn auch der Kauf am Marktstand verlockt: Für die Ausfuhr brauchen Sie den Beleg eines lizenzierten Geschäftes!

DIE KACHIN

Das in Myanmar Kachin genannte Volk setzt sich aus einer Vielzahl verschiedener Gruppen überwiegend tibeto-birmanischer Abstammung zusammen. Vorherrschende Sprache im Kachin-Staat ist das Idiom seines größten Stammes, der Jingpaw. Prächtig sind die von einigen Gruppen getragenen, mit silbernen Halbkugeln besetzten schwarzen Samtjacken, die auch auf dem Aung-San-Markt Yangons als Blickfang aushängen. In den leichter zugänglichen Niederungen des Staates ist die Bevölkerungsmehrheit christlich missioniert, sonst überwiegen animistische Kulte. Der Kachin-Staat ist eine der 14 Verwaltungseinheiten und der nördlichste Staat von Myanmar.

Über die Kultur der Volksgruppen informiert das **Kachin State Museum** im Norden des Zentrums (Di–So 10–15 Uhr). Die Stämme treffen sich täglich auf dem **Zentralmarkt.** Sie können sie aber auch auf Touren in ihren Dörfern besuchen. Lohnend ist ein Ausflug 50 km nach Norden nach Myitson, wo aus dem Zusammenfluss von Maykha und Malikha der Ayeyarwady entsteht.

HOTEL

Hotel Madira €–€€

50 große, helle Zimmer und gutes Frühstücksbuffet, 1,5 km nördl. des Marktes.

- 510 Pyidaungsu Rd.
  Myitkyina | Tel. 074/21119

SHOPPING

Berühmt ist die Stadt für handgewebte Textilien. Die besten Kachin-Longyis sind aus einer angenehmen Wolle-Baumwolle-Mischung. > **mehr S. 18 Punkt 40**

FESTE

Zum Nationalfeiertag der Kachin am 10. Januar wird in Myitkyina ein *Manao* abgehalten, zu dem Stammesmitglieder aus den Bergregionen anreisen: Die Jingpaw beschwören mit Musik, Tanz und Schlachtopfern ihre Schutzgeister.

INDAWGYI-SEE 3 D3

Etwa 170 km (6 Std.) südwestlich von Myitkyina erstreckt sich Myanmars größtes Binnengewässer, der Indawgyi-See. Vom Dorf Lonton aus können Sie Bootsfahrten unternehmen, die Shwemyintzu-Pagode besuchen oder Dörfer der Shan-Ni erkunden. > **mehr S. 12 Punkt 1**

BHAMO 4 D3

Eine zumindest in Teilen passable Straße führt von Myitykina nach Bhamo, 128 km südlich. Die im 17. Jh. an einer Karawanenroute gegründete Marktstadt ist Treffpunkt der Shan, Chinesen und Kachin. Der **Markt** ist interessanter als der von Myitkyina, ein Besuch umliegender Dörfer noch erlebnisreicher.

ANREISE

Von Bhamo verkehren IWT-Fähren nach Mandalay (ca. 3 Tage, > **S. 28**). Regelmäßig Boote von/nach Myitkyina (eine Übernachtung in Simbo ist erforderlich).

HOTEL

Friendship Hotel €

Das sympathische Haus bietet 48 saubere Zimmern, ein gutes Restaurant und arrangiert auch Ausflüge.

- 23 Bawde St. | Bhamo | Tel. 074/50095

Putao ist Startpunkt vieler Exkursionen

AYEYARWADY-DELTA & DIE WESTKÜSTE

Am Strand von Chaungtha

Der 2170 km lange Ayeyarwady weitet sich kurz vor Hinthada, 250 km vor seiner Mündung in die Andamanensee, zu einem gewaltigen Delta. Heute leben dort etwa sieben Millionen Menschen, vor allem Bamar und Karen.

Seit die Briten ab Mitte des 19. Jhs. die ausgedehnten Sumpflandschaften im Ayeyarwady-Delta trockenlegen ließen, ist das fruchtbare Gebiet die Reiskammer Myanmars. Touristisch ist die Region kaum erschlossen, was nicht zuletzt an der miserablen Infrastruktur liegt. Sie hat sich zwar in der letzten Zeit sehr gebessert, doch viele Orte sind nach wie vor nur per Boot zu erreichen.

Passabel ist die Straße von Yangon ins 180 km entfernte **Pathein,** eine multikulturelle Deltastadt mit hübschen Tempeln und kolonialem Flair. Meist dient sie Touristen als Zwischenstation zu den beiden 1–2 Stunden entfernten Stränden am Golf von Bengalen, **Chaungtha** und **Ngwe Saung.** Während Chaungtha eher einheimische Urlauber anspricht, hat sich Ngwe Saung mit einigen Nobelresorts auf internationale Touristen eingestellt.

Der Westen Myanmars bildet die kulturelle Grenze zwischen den indo-europäischen Völkern Südasiens und den Ostasiaten. Gleichzeitig ist er religiöse Trennlinie zwischen Islam und Buddhismus. Dies führt immer wieder zu blutigen Konflikten, vor allem zwischen den buddhistischen Rakhine und den nicht als Volksgruppe anerkannten muslimischen Rohingya. Doch in der Bucht von **Ngapali** ist davon wenig zu spüren. Hier geht es um Ferien unter Palmen. Im nahen **Thandwe** erinnert noch vieles an die koloniale Vergangenheit als Verwaltungsstadt.

Sittwe, Hauptstadt und wichtigster Hafen Rakhines, ist vor allem Sprungbrett für die Bootstour nach **Mrauk U,** dem Ort, wo 350 Jahre das politische Herz der Region schlug. Zahlreiche Ruinen und Tempel geben davon eindrucksvoll Zeugnis. Weiter nördlich liegt die verschlossene Welt des **Chin-Staates.** Aufgrund der schlechten Infrastruktur können nur wenige Gebiete besucht werden. Sehr populär sind indessen Trekkingtouren rund um den 3109 m hohen Mt. Victoria im Natmataung-Nationalpark. Die Zufahrt dorthin erfolgt meist von Bagan aus.

Diese Boote liegen vor Sittwe

TOUREN IN DER REGION

TOUR 8

AN DEN GOLF VON BENGALEN

ROUTE: Pathein > Chaungtha > Ngwe Saung

KARTE: Seite 135
LÄNGE: ca. 110 km
DAUER: mindestens 3 Tage
PRAKTISCHER HINWEIS:

- Von Yangon fahren Busse über Pathein nach Chaungtha. Von dort bringt Sie ein Fischerboot nach Ngwe Saung (ca. 1 Std.), zurück nach Pathein oder weiter nach Yangon geht es wieder per Bus oder Mietwagen.

TOUR-START:

Von **Pathein** 1 > S. 136 führt eine mäßig gute Straße über die Ausläufer des Rakhine Yoma an den Golf von Bengalen nach **Chaungtha** 2 > S. 137 (ca. 2½ Std. Fahrzeit), einem beliebten Badeort der Birmanen.

Nur 12 km südlich liegt der von Europäern bevorzugte **Ngwe Saung Beach** 3 > S. 138. Mangels Direktverbindung bleibt Ihnen nur die Fahrt mit einem angeheuerten Fischerboot (1 Std.) oder alternativ mit dem Mopedtaxi entlang einer Staubpiste. Dabei müssen Sie zudem drei Ströme per Fähre überqueren – eine durchaus unterhaltsame Variante (ca. 2 Std.).

Per Mietwagen oder öffentlichem Bus können Sie zurück nach Pathein (1 Std.) oder auch weiter nach Yangon fahren (6–7 Std.). Das vielfach beworbene Elefantencamp auf halber Strecke sollten Sie links liegen lassen.

TOUR 9

IM LAND DER RAKHINE

ROUTE: Sittwe > Mrauk U > Sittwe > Thandwe > Nga-pali

KARTE: Seite 135
LÄNGE: rund 400 km
DAUER: mindestens 5 Tage
PRAKTISCHE HINWEISE:

- Von Yangon fliegen Sie nach Sittwe. An der dortigen Anlegestelle lässt sich problemlos ein Privatboot nach Mrauk U (mind. 6 Std.) chartern (Hin- und Rückfahrt buchen!).
- Für die Strecke zwischen Sittwe und Thandwe sollten Sie das Flugzeug nehmen. Aus Sicherheitsgründen ist von den zwischen Taunggup und Sittwe verkehrenden Schnellbooten abzuraten.
- Zwischen Thandwe und dem nahen Ngapali Beach verkehren Taxen und Hotel-Shuttles.

TOUR-START:

Die Reise in den Westen Myanmars hat ihre ganz eigenen Reize und verbindet Strandurlaub mit Kultur. Nach Ihrer Landung in **Sittwe** 6 › S. 140 und einem Rundgang durch die mäßig spannende Hauptstadt Rakhines reisen Sie am zweiten Tag mit Ihrem Charterboot den stimmungsvollen Kaladan-Fluss entlang weiter nach **Mrauk U** 7 › S. 141. In der alten Königsstadt können Sie die trutzigen Tempelruinen und eleganten Stupas am besten mit Fahrrad erkunden. Einschließlich des Ausflugs nach Norden zum einstigen Sitz des Mahamuni-Buddhas brauchen Sie dafür etwa zwei Tage.

Am 5. Tag kehren Sie frühmorgens mit Ihrem Boot zurück nach Sittwe, um anschließend weiter nach **Thandwe** 4 › S. 139 zu fliegen. Von der alten kolonialen Verwaltungsstadt, wo in den 1920er-Jahren George Orwell als junger Polizist weilte, fahren Sie weiter zum wenige Kilometer südlich gelegenen Strand von **Ngapali** 5 › S. 140. Wie viele Tage Entspannung Sie sich dort gönnen möchten, liegt ganz bei Ihnen.

TOUREN IN DER REGION

TOUR 8

AN DEN GOLF VON BENGALEN

Pathein › Chaungtha › Ngwe Saung

TOUR 9

IM LAND DER RAKHINE

Sittwe › Mrauk U › Sittwe › Thandwe › Ngapali

UNTERWEGS IN DER REGION

PATHEIN 1 ★ C8

Die schon zu Bagan-Zeiten wichtige Hafenstadt mit gut 280 000 Einwohnern besitzt eine exotische Bevölkerungsmischung: buddhistische Rakhine und Bamar, muslimische und hinduistische Inder sowie eine große Zahl christlicher Karen, deren ursprüngliches Siedlungsgebiet an der thailändischen Grenze liegt. Der Ethno-Mix ist eine Folge jener Zeit, als die Briten die von ihnen Bassein genannte Stadt zum Umschlagplatz für Reis ausbauten.

SEHENSWÜRDIGKEITEN

Ganz in Gold, Rot und Ocker gehalten, Gebäude und Aufgänge mit Spiegelmosaiken verziert, strahlt die Pagode des »sechszölligen Goldbarrens«, **Shwemokhtaw,** im Herzen der Stadt bei allem Glitzern eine große Wärme und Gediegenheit aus. Ihre Anfänge liegen im Reich der Legenden: Unter dem Bagan-König Alaungsithu soll der Stupa 1115 erweitert worden sein, während die heutige Gestalt 1263 von der muslimischen Mon-Prinzessin Ommadanti und ihren buddhistischen Gatten Smodagossa initiiert wurde. Der üppig vergoldete Hauptbuddha in einem Schrein am Südaufgang indessen kam auf wundersame Weise aus Sri Lanka übers Meer. Weitere Schreine sind Nats und anderen Schutzgeistern geweiht. Das Pagodenfest findet jährlich zum Vollmond im April/Mai statt.

Nördlich der Shwemokhtaw können Sie noch einen Blick in die kleine **Shwezigon-Pagode** mit einem kolossalen sitzenden Buddha werfen. Südlich grenzt das Geschäftsviertel mit einem stets geschäftigen Markt an. Äußerst bunt geraten ist mit diversen Stupas und Schreinen die Settawya-Pagode im Nordosten Patheins, in der ein legendärer Fußabdruck Buddhas verehrt wird. Die 1921 geweihte, neogotische **St. Peter's-Kathedrale** und die von bengalischen Muslimen im Jahr 1902 gestiftete **Zerbadi Sunni Jamae-Moschee** verbreiten eine multikulturelle Atmosphäre.

ANREISE

Zwischen Pathein und Yangon (180 km) verkehren mehrmals täglich komfortable Busse. Mit dem Auto benötigen Sie rund 5 Stunden von Yangon.

HOTELS

Pathein Hotel €

Liegt ein paar Kilometer außerhalb an der Straße nach Yangon und verfügt über 24 saubere, geräumige Zimmer.

- 6 Bandoola St. | Pathein
  Tel. 042/25138

RESTAURANT

Kha Kha Gyi €

Das lang etablierte Lokal serviert ordentliche birmanische Currys, die man vom Buffet auswählen kann.

- 68 Mingalar St. | Pathein
  beim Ostzugang der Shwemokhtaw-Pagode

In einer Schirmmanufaktur in Pathein

SHOPPING

Pathein ist vor allem für zwei Produkte bekannt: *halawa*, eine auf Sesam basierende Süßigkeit, sowie die berühmten Schirme *(Pathein hti)* aus Stoff und Bambus.

- Das **Shwe Myin Bien,** Merchant St., verkauft *halawa*. > **mehr S.14 Punkt 13**
- Die bunt bemalten Schirme sind beliebte Andenken. Robuster und auch wasserdicht sind die dunkelroten, anfänglich stark riechenden Schirme. Im **Shwe Sar Umbrella Workshop** in der Tawya Kyaung St. können Sie den Herstellungsprozess verfolgen, ein alteingesessener Familienbetrieb ist **Daw Yin,** 47 Merchant St.

UMGEBUNG

Von Pathein aus bieten sich halb- oder ganztägige **Bootsfahrten** durch die Kanäle und Flussarme an. Sie eröffnen eine faszinierende Welt mit Mangroven, Nipa-Palmen und Reisfeldern. > **mehr S. 14 Punkt 11**

Unter Touristen noch ein Geheimtipp ist die Halbinsel **Gaw Yan Gyi,** welche sich 130 km südwestlich von Pathein in den Golf von Bengalen schiebt und über einige ansehnliche Strände verfügt.

CHAUNGTHA 2 B8

58 km nordwestlich von Pathein erstreckt sich am Golf von Bengalen der sichelförmige, 2,5 km lange Strand von Chaungtha. Zwischen den Kasuarinen und Kokospalmen tummeln sich an freien Tagen bevorzugt die Einheimischen. Das bedeutet viel Lokalkolorit am Strand mit netten Begegnungen und spontanem Ballspiel. Fischerboote bringen Sie in ein paar Minuten zur **White Sand Island** (Thepyu Kyun) zum Baden und Plantschen. Abends geht es in eines der Restaurants mit leckeren Seafood-Gerichten und zum anschließenden Smalltalk in die Tea Shops.

ANREISE

Zwischen Yangon und Chaungtha verkehren Busse via Pathein.

HOTELS

Amazing Chaung Tha Resort €€
Die größte Bleibe am Südende des Strandes mit komfortablen Bungalows samt Pool, Spa und Tennisplatz.
- Chaungtha
  Mobil 09/777123700
  www.amazingchaungtharesort.com

AZURA Beach Resort €€
Hier steigen gern einheimische Familien ab, die sich in den 200 modern gestalteten Zimmern genauso wohl fühlen wie im Pool, im Spa oder in der Karaoke-Bar.
- Chaungtha | Tel. 042/2042324
  www.facebook.com/AzuraBeachResort

Belle Resort €€
58 Zimmer in schöner Atmosphäre, mit Pool und Restaurant. Auch Fahrradverleih und Massage.
- Chaungtha | Tel. 042/42112
  www.belleresorts.com

NGWE SAUNG 3 10 B8

Der »Silberne Strand« erstreckt sich südlich von Chaungtha und ist neben Ngapali der schönste Strand Myanmars. Über 14 km feiner Sand, im Wind wogende Palmen und mehrere erstklassige Resorts ziehen in erster Linie Touristen mit dickerem Geldbeutel an. Einige vorgelagerte Inseln wie etwa **Bird Island** laden zum Tauchen und Schnorcheln an, während die markante **Zwillingspagode** (Kyauk Maung Hna Ma) zum Sonnenuntergang ein beliebter Treff der Einheimischen ist. Ein schöner Ausflug führt nach **Sinma.**
› mehr S. 12 Punkt 6

ANREISE

Nach Yangon verkehrt tgl. ein Direktbus (sehr einfach!). Mit dem Mietwagen benötigen Sie 5–6 Std. nach Yangon.

MANGROVEN ALS SCHUTZWALL

Entlang der breiten Flussarme im Mündungsbereich des Deltas wirken die ökologisch wertvollen Mangrovenwälder wie natürliche Salzwasserfilter. Sie sind nicht nur Heimat bedrohter Tierarten, vor allem von Wasservögeln und Reptilien, sondern dienen mit ihren markanten Stelzwurzeln auch als eine Art Schutzwall gegen Erosion und hohe Wellen. Doch vielerorts sind die Mangrovenbäume verschwunden, weil die meist bitterarmen Bewohner das Holz als Brennstoff verwenden. Waren im frühen 20. Jh. noch mehr als 2400 km² mit Mangrovenwäldern bedeckt, eine Fläche so groß wie das Saarland, so sind es heute weniger als ein Fünftel. Der Waldschwund ist angesichts steigender Meeresspiegel infolge der globalen Erderwärmung fatal. Umweltexperten sind überzeugt, dass der verheerende Zyklon Nargis im Mai 2008 deshalb so viele Opfer forderte, weil der schützende Mangrovengürtel fehlte. Für die Zukunft befürchten sie daher ähnliche schlimme Naturkatastrophen. Immerhin gibt es Bemühungen, den Trend der Abholzung zu stoppen. So wurde südlich von Bogalay die 26 km lange Flussinsel Meinmahla Kyun 1994 zum Schutzgebiet erklärt.

Am Strand von Ngwe Saung kann man Wassersport betreiben – oder einfach entspannen

HOTELS

Myanmar Treasure Beach €€

Optisch opulente und gut gemanagte Bungalowanlage der gehobenen Klasse mit tollem Pool und tadelloser, aber teurer Gastronomie.

- Ngwe Saung
  Tel. 01/399334 (Buchung)
  www.htoohospitality.com

Palm Beach Resort €€

Überschaubare und gut geführte Unterkunft mit 31 hübschen Bungalows. Netter Pool und ausgezeichnetes Essen.

- Ngwe Saung | Tel. 01/504528
  palmbeachgwesaung@gmail.com

Shwe Hin Tha Hotel €

Die Bungalowanlage mit verschiedenen Standards zählt zu den kostengünstigsten Wohnoptionen und ist daher bei Rucksacktouristen sehr populär. Das liegt auch an der tollen Meereslage und den Ausflugsangeboten.

- Tel. 042/40340
  Mobil 09/5200618

THANDWE 4 B7

Wenige Kilometer nördlich von Ngapali und mit dem Sidecar gut erreichbar, liegt der ehemalige, einst Sandoway genannte britische Verwaltungsort. Das gemütliche Städtchen mit alten Teakholzvillen hat seit der Kolonialzeit nichts von seinem Charme eingebüßt. Drei kleine Pagoden blicken von Hügeln über die Stadt und den Fluss – allein wegen der Aussicht sollten Sie eine davon besuchen. Die **Shwesandaw** soll ein Haar, die **Shweandaw** einen Zahn und die **Shwenandaw** eine Rippe Buddhas enthalten. Letztere ist vielleicht die hübscheste; ihr Stupa wird von einem kupfernen Relief umlaufen, das einen Nat darstellt.

ANREISE

Der Flughafen wird von Yangon und Sittwe aus saisonabhängig mehrmals täglich angeflogen. Die Anreise über Land ist zeitaufwändig und beschwerlich.

NGAPALI 5 11 B7

Dank des Flughafens im nahen Thandwe ist Ngapali Myanmars beliebtester Badeort: Viele Kilometer Strand mit feinem, hellem Sand und hervorragendem Wasser, Palmen und Kasuarinen ziehen sich entlang mehrerer Buchten. Nachts funkeln die erleuchteten Fischerboote wie herabgefallene Sterne. Den Fang bekommen Sie frisch zubereitet in einem der netten Seafood-Lokale serviert. Zum Schnorcheln können Sie sich zur **Pearl Island,** einer vorgelagerten Insel südwestlich des Strands fahren lassen, die nahen **Fischerdörfer** bieten sich zum Spaziergang an.

HOTELS

Bayview Resort €€€
Gediegene Bungalowanlage mit hervorragender Küche und netter Strandbar, wo sich die vorwiegend deutsche Klientel zum Sundowner trifft. Es gibt auch einen Pool.
- Ngapali | Tel. 01/504471
  www.bayview-myanmar.com

Sandoway Resort €€€
Sehr gut geführtes Edelresort mit geschmackvoll eingerichteten Bungalows unterschiedlichen Standards, großem Pool, Spa und offenem Restaurant.
- Ngapali | Tel. 043/42233
  www.sandowayresort.com

Linn Thar Oo Lodge €€
Solide Anlage an einem schönen Strandabschnitt mit 31 schlichten Bungalows in zwei Kategorien.
- Lintha | Tel. 043/42322
  www.lintharoo-ngapali.com

RESTAURANTS

Zahlreiche einfache Restaurants entlang der Strandstraße bieten hervorragendes Seafood zu günstigen Preisen an. Die Laguna Lodge Ngapali lädt auch zum Sundowner ein. > **mehr S. 15 Punkt 18**

SITTWE 6 A6

Die Hauptstadt Rakhines – im nördlichsten Winkel der Westküste und von Pathein nur mit dem Flugzeug zu erreichen – erstreckt sich auf einer Halbinsel zwischen einem Flusslauf, einem grünen, morastigen Strand mit ausgedehnten Hafenanlagen und einer formidablen Aussicht auf die bergigen Inseln des Golfes sowie einem breiten, flachen, sehr langen, grauen Sandstrand. Spärlich bewachsen, erinnert er auf den ersten Blick eher an eine riesige Baustelle, doch der Sand ist sauber und äußerst fein.

Mit gut 150 000 Einwohnern zählt der von den Briten Akyab genannte Ort zu den größten Städten der Westküste. Mit zahlreichen traditionellen Rakhine-Villen und einigen repräsentativen Bauten im Kolonialstil ist er auch optisch ansprechend. Der indische Einfluss ist spürbar. Leider kommt es immer wieder zu Übergriffen gegenüber den muslimischen Rohingyas (Sicherheitshinweise checken!).

Im **State Cultural Museum** neben dem **Markt** werden englisch beschriftete Exponate, Modelle und Schaubilder zu Kultur und Geschichte der Region gezeigt, die Sie sich zum besseren Verständnis Rakhines nicht entgehen lassen sollten. Nicht nur Frisöre werden an den 64 Haartrachten Gefallen finden, die den Frisuren der weiblichen Figuren aus der Dukhanthein-Pagode in Mrauk U nachempfunden sind (Di–So 10–16 Uhr).

Sehenswert ist auch das **Buddhistische Museum** auf dem Gelände des Klosters Mahakuthala Kyaungdawgyi an der Hauptstraße, das viele alte Buddhastatuen aus der Vesali-Periode (4.–9. Jh.) und aus der Blütezeit von Mrauk U (15.–18. Jh.) birgt (tgl. ca. 9–16 Uhr).

ANREISE

Sittwe wird täglich von Yangon mit Zwischenstopp in Thandwe angeflogen. Busse bedienen täglich die Strecke Sittwe–Mrauk U–Magwe–Mandalay (ca. 25 Std.).

HOTELS

Noble Hotel €

Saubere Zimmer mit etwas Komfort, nettes Personal, an der Bar gibt es Whisky und Wein – was braucht man mehr?

- 45 Main Rd. | Sittwe
  Tel. 043/23558
  anw.noble@gmail.com

Shwe Thazin Hotel €

Das Mittelklassehotel nahe des zweiten Uhrturms bietet freundliche Zimmer.

- 250 Main Rd. | Sittwe | Tel. 043/23579
  www.shwethazinhotel.com

RESTAURANTS

May Yu Restaurant €

Hier essen Sie in entspannender Hof-Atmosphäre und können neben guten Fischgerichten auch frisches Fassbier genießen.

- Strand Rd. | Sittwe

River Valley Restaurant €

Das beliebte Lokal tischt neben chinesischen Gerichten sehr leckere Rakhine-Speisen auf. Gutes Seafood.

- 5/7 Main Rd., neben dem Palace Hotel Sittwe

SHOPPING

In Sittwe können Sie die berühmtem Rakhine-Longyis erstehen, erkennbar an den dicken Stoffen mit geometrischem Muster.

› **mehr S. 14 Punkt 14**

MRAUK U 7 12 B6

Die letzte und gleichzeitig bedeutendste Hauptstadt des unabhängigen Rakhine wurde 1433 gegründet und war über 350 Jahre ein Brennpunkt des Handels zwischen Süd- und Südostasien. Von einem ausgeklügelten System von Wällen und Wassergräben geschützt, die geschickt in die Hügellandschaft platziert wurden, hielt sich die Stadt im

ROHINGYA

So nennen sich die Muslime, welche über die Jahrhunderte aus Bengalen in den Norden von Rakhine einwanderten, aber bis heute keine myanmarische Staatsbürgerschaft besitzen. Sie zählen zu den am meisten unterdrückten und verhassten Minderheiten der Welt. Ein Großteil der knapp 1 Mio. Rohingya floh vor brutaler Verfolgung durch das Militär nach Unruhen im August 2017 nach Bangladesch.

Strudel fortwährender Kriege, bis sie 1785 zusammen mit dem ganzen Königreich an Myanmar fiel.

Wie ein Miniaturgebirge ziehen sich die Überreste der einst 30 km langen Befestigungsanlagen durch die Gegend. Wuchtige Grundmauern in der Ortsmitte umschließen einen weiten Platz, auf dem früher der Königspalast stand. An einer Stelle wurde ein Zugang zu den verschütteten unterirdischen Gelassen geöffnet. Ein kleines **Museum** stellt Funde aus ganz Rakhine aus, darunter Buddhas, Inschriften und Waffen (Di–So 10–15.30 Uhr).

Auf einem Spaziergang durch den Ort können Sie Brunnen bewundern, deren Dimensionen in keinem Verhältnis zu dem heutigen, Mrauk U stehen und Ihnen die einstmalige Größe vor Augen führen.

TEMPEL IM ZENTRUM UND OSTEN

Die in der Umgebung der Stadt verstreut liegenden Tempelanlagen lassen sich am besten mit der Pferdekutsche erkunden. Als prachtvollstes Bauwerk gilt der 1535 vollendete **Shittaung.** Von außen an eine überdimensionale Geburtstagstorte erinnernd, birgt der »Tempel der 80 000 Bildnisse« in seinen verwinkelten Gängen schaurig-schöne, teilweise bemalte Steinreliefs mit religiösen Szenen und Darstellungen aus dem Alltag. Besondere Beachtung finden ein Liebespaar und ein Fußabdruck Buddhas.

Nur einen Steinwurf entfernt liegt der ähnlich gestaltete **Andaw** (16. Jh.), dessen Innenkorridore eine Vielzahl von Buddhafiguren schmücken. Grund für den Bau war

Zwei Frauen in der Tracht der Rakhine ruhen sich aus, mit Blick auf den Htukkhan-Thein

die Kopie einer Zahnreliquie Buddhas aus Sri Lanka. Der im Zweiten Weltkrieg schwer beschädigte, 60 m hohe und sich nach oben verjüngende **Ratanapon-Stupa** erstrahlt nach seiner Restaurierung wieder in seiner alten Eleganz. Ein rechts davon abgehender Weg führt an einer netten Siedlung vorbei zu einem kleinen Hügel mit den beiden vergoldeten Stupas **Ratana Sanroway** und **Ratana Hmankin.**

Wie eine Festung wirkt der auf einem Plateau ruhende **Htukkhan-Thein-Tempel** von 1571. Von den ursprünglich 48 Bibliotheken zur Aufbewahrung des Pali-Kanons ist nur der 1591 errichtete **Pitaka Taik** erhalten geblieben. Der rechteckige Bau lohnt aufgrund seiner sehr schönen Außendekoration einen Blick. › mehr S. 17 Punkt 29

Elegant streben die beiden gut erhaltenen Stupas des **Laungbanpyauk** und **Leymyethna** (»Vier Gesichter«) in die Höhe. Sie werden allerdings von dem 1629 fertiggestellten, 85 m hohen **Sakyamanaung** überragt. Nicht versäumen sollten Sie den Besuch des **Kothaung** im Osten von Mrauk U. Der »Tempel der 90 000 Bildnisse« wurde 1553 gestiftet und leitet seinen Namen von den unzähligen, in die Galeriewände geschlagenen Miniatur-Buddhafiguren ab.

TEMPEL IM SÜDEN

Südlich des ehemaligen Palastkomplexes stoßen Sie auf die beiden Reservoirs **Leksekan** und **Anumakan,** die einst nicht nur der Bewässerung, sondern auch der Verteidigung der Stadt dienten – innerhalb kurzer Zeit konnten sie entleert werden. Weithin sichtbar ist der seitlich der Gewässer auf einem Hügel thronende **Shwetaung-Stupa** (1553). In der Nähe erhebt sich auch der fast 100 Jahre ältere **Kalamyo.**

Der Besuch des **Minkhamaung-Tempels** (Ende 16. Jh.) am Rand des Anumakan-Sees lohnt aufgrund der reichen Ornamentverzierungen am Eingang. Nicht weit davon entfernt beeindruckt die »Pagode des über Mara siegenden Buddhas«, **Jinamanaung** (1658), mit ihrem achtseitigen Grundriss. Der massive **Wuthay-Buddha,** weiter nordwestlich in Richtung Palast, ist mit 4 m die größte Statue des alten Mrauk U und wurde zur Krönung des Königs Tazarta im Jahr 1515 errichtet.

ANREISE

Die Anreise ist nur per Bus oder Schiff von Sittwe aus möglich (mind. 6 Std.), größtenteils ist es eine reizvolle Fahrt den Kaladan-Fluss entlang.

RÜCKREISE

Die Rückfahrt nach Sittwe sollten Sie frühmorgens planen, falls Sie noch den meist mittags startenden Flieger nach Yangon erreichen möchten!

HOTELS

Mrauk U Princess €€–€€€

Das weitläufige Resort liegt etwas abseits am Fluss. Die 21 rustikalen Zimmer sind im Stil traditioneller Häuser errichtet. Entspannung verspricht das Spa.

- Mobil 09/8500556 | Mrauk U
  www.mraukuprincess.com

Nawarat Hotel €–€€
Engagiert geführtes Hotel mit sauberen, klimatisierten Bungalows. Gutes Preis-Leistungs-Verhältnis. Vermittelt Wagen mit Fahrer.
- Nähe Shittaung-Tempel | Mrauk U
  Tel. 043/24200
  hotel.nawarat@gmail.com

RESTAURANTS

Danyawaddy Restaurant €
Gegrilltes und Fassbier – empfehlenswert.
- an der Hauptstraße | Mrauk U

Moe Cherry €
Hier gibt es nach Vorbestellung bestes Essen in netter Umgebung.
- nahe dem Nawarat Hotel | Mrauk U

AUSFLÜGE VON MRAUK U

ZU DEN CHIN-DÖRFERN

In den nördlichen Ausläufern des Rakhine Yoma siedeln die Angehörigen der Chin-Minderheit. Einige ihrer Dörfer können von Mrauk U im Rahmen einer Tagestour besucht werden. Wenn Sie die Tour nicht über ihr Hotel organisieren wollen, fahren Sie wenige Kilometer mit dem Leihfahrrad in Richtung Osten am Kothaung-Tempel vorbei bis zum Ufer des Lemro-Flusses (auch Leymyo), der in den Rakhine-Bergen entspringt und nach 260 km in den Golf von Bengalen mündet. Im gegenüberliegenden Dorf mieten Sie sich ein Boot und tuckern damit dann ca. 3 Std. den Lemro entlang bis zum Chin-Dorf **Pan Paung.** Wer es weniger touristisch mag, fährt weiter bis zu den Siedlungen **Kyi Chaung** und **Sinkay.**

VESALI UND DHANYAWADI

Entlang der Straße nach Norden liegen die spärlichen Überreste der ältesten Rakhine-Städte, darunter **Vesali** 8 B6, etwa 10 km nördlich von Mrauk U, das vom 4. bis ins 9. Jh. Zentrum Rakhines war. Doch abgesehen von ein paar Fundamentresten, überwucherten Stuparuinen und einer verehrten, 5 m großen Buddhastatue ist dort nichts mehr zu sehen.

Beeindruckender ist die landschaftlich reizvolle Weiterreise nach **Dhanyawadi,** 40 km nördlich von Mrauk U. Dort lag bis ins 4. Jh. das Zentrum Rakhines. Auf einem flachen Hügel inmitten weiter Felder erblicken Sie die von weißen Mauern umschlossene **Mahamuni-Pagode** 9 B6. Der goldene, mit einer Krone geschmückte Buddha im Inneren ist das bedeutendste Heiligtum der Rakhine. Das berühmte Original wurde an dieser Stelle vermutlich im 2. Jh. gegossen, 1784 von den Bamar nach Mandalay › S. 102 verschleppt, wo es heute zu den am meisten verehrten Buddhas zählt. Auch die riesige Tempelglocke ist eine Nachbildung, nachdem die ursprüngliche Glocke plötzlich verschwunden war. »Rakhine wird unabhängig sein, solange der Maha Muni auf dem Sirigutta-Hügel steht und die Yattara-Glocke dort ertönt«, sagt die Legende …

Zum Vollmond im Februar/März zieht das mehrtägige Mahamuni-Fest Zehntausende an. Dann können Sie auch die traditionellen, von vielen Klamaukeinlagen begleiteten Rakhine-Ringkämpfe sehen.

KYAUKTAW 10 B6

Knapp 10 km von Dhanyawadi entfernt verläuft hinter einer mit Pagoden besetzten Hügelkette der Hauptarm des Kaladan. Am gegenüberliegenden Ufer zieht sich malerisch das Städtchen Kyauktaw hin. Von dort können Sie eine angenehme Fahrt auf dem schönen Fluss bis nach Sittwe machen, von wo es täglich Flüge nach Yangon gibt.

HOTEL

Everest Guesthouse €
Primitive Zimmer, aber mit schönem Blick auf den Fluss.
• Kyauktaw

Hier entsteht Kunstvolles aus Rattan

CHIN-STAAT

Der bergige, vielerorts mit Dschungel überzogene Chin-Staat zählt zu den unerschlossensten Regionen Asiens. Nur rund eine halbe Mio. Menschen leben in dem Staat, der mit 36 000 km² etwa so groß wie Baden-Württemberg ist, meist Angehörige einer der 40 Chin-Stämme – etwa Yindu, Matu oder Khami. Mangels Infrastruktur und aus Sicherheitsgründen ist der Staat entweder gar nicht oder nur mit Genehmigung bereisbar. Problemlos zu besuchen ist hingegen der **Natmataung-Nationalpark.**

MT. VICTORIA 11 ★ B6

Immer beliebter werden mehrtägige Trekkingtouren auf den 3109 m hohen Mt. Victoria (Natmataung). Er liegt im Natmataung-Nationalpark und ist ein Refugium seltener Pflanzen und Vögel. Eine solche Tour können Sie vorab in Yangoon organisieren oder von Bagan aus, denn die Tempelstadt ist der beste Ausgangsort dafür. Von Bagan fahren Sie zunächst nach Chauk, dann weiter nach **Kanpetlet (Kampalat)**, was etwa 4–5 Std. Fahrzeit (150 km) in Anspruch nimmt. Dort beginnt nach einer Übernachtung im Gästehaus und einer kurzen Weiterfahrt der Trek bis zum Gipfel. Der Abstieg führt nach **Mindat,** wo Sie in einem einfachen Gästehaus übernachten. Am nächsten Tag kehren Sie über Pakokku nach Bagan zurück (9 bis 10 Std.). › mehr S. 12 Punkt 2

INFO

Diese Tour organisieren Sie über eine auf Trekkingtouren spezialisierte Reiseagentur, etwa Uncharted Horizons (109 49th St., Yangon, Mobil 09/971176085, 09/450062960, www.uncharted-horizons-myanmar.com).

EXTRA-TOUREN

Die lange U-Bein-Brücke bei Amarapura wurde aus Teak erbaut

TOUR 10

MYANMAR KLASSISCH – ZWEI WOCHEN

ROUTE: Yangon › Bago › Kyaik-htiyo › Yangon › Mandalay › Bagan › Kalaw › Pindaya › Inle-See › Yangon

KARTE: Klappe hinten
DISTANZEN: **Yangon** › **Bago** ca. 2 Std. (Wagen mit Fahrer); **Bago** › **Kyaik-htiyo** ca. 4 Std. (Wagen mit Fahrer); **Kyaik-htiyo** › **Yangon** ca. 6 Std. (Wagen mit Fahrer); **Yangon** › **Mandalay** 1 1/2 Std. Flug; **Mandalay** › **Bagan** ca. 10 Std. per Boot; **Bagan** › **Kalaw** ca. 8 Std. (Wagen mit Fahrer); **Kalaw** › **Pindaya** ca. 3 Std. (Wagen mit Fahrer); **Pindaya** › **Inle-See** ca. 3 Std. (Wagen mit Fahrer); **Inle-See** › **Yangon** 1 Std. Fahrzeit nach Heho und 1 Std. Flug.
VERKEHRSMITTEL: Hotels und lokale Reisebüros vermitteln auch kurzfristig Mietwagen mit Fahrer; Flüge Yangon–Mandalay und Heho–Yangon mehrmals tgl. (in der Hauptsaison rechtzeitig buchen); Ticket für die tgl. Bootsfahrt nach Bagan über Hotels in Mandalay; Privatboot für den Inle-See am Anleger in Nyaung Shwe.

Diese Rundreise führt Sie zu den touristischen Highlights. Nach dem Besuch von **Yangon** › S. 60 reisen Sie am 3. Tag über die alte Mon-Hauptstadt **Bago** › S. 73 weiter zum Goldenen Felsen, **Kyaik-htiyo** › S. 75. Nach der Übernachtung auf dem Berg geht es zurück nach Yangon, von wo Sie am 5. Tag nach **Mandalay** › S. 102 fliegen. In zwei Tagen können Sie dort die Sehenswürdigkeiten besuchen.

Entspannung bietet am 7. Tag die ganztägige Bootsfahrt nach **Bagan** › S. 90. Für die Tempelstadt sollten Sie sich unbedingt Zeit lassen, bevor es am 10. Tag weiter in den Shan-Staat nach **Kalaw** › S. 113 geht.

Der folgende Tag führt Sie nach **Pindaya** › S. 114 mit der berühmten Tropfsteinhöhle, nach einer Übernachtung geht es weiter zum **Inle-See** › S. 116. Nach entspannenden Tagen mit Bootsfahrten fliegen Sie von Heho zurück nach Yangon.

Wächterfigur an einem Stupa

TOUR 11

MYANMAR INTENSIV – DREI WOCHEN

ROUTE: Yangon > Sittwe > Mrauk U > Sittwe > Yangon > Heho > Pindaya > Inle-See > Mandalay > Monywa > Pakokku > Bagan > Pyay > Yangon

KARTE: Klappe hinten
DISTANZEN: **Yangon** > **Sittwe** 11/2 Std. Flug; **Sittwe** > **Mrauk U** ca. 6 Std. per Boot; **Mrauk U** > **Sittwe** ca. 6 Std. per Boot; **Sittwe** > **Yangon** 11/2 Std. Flug; **Yangon** > **Heho** 1 Std. Flug; **Heho** > **Pindaya** 3 Std. (Wagen mit Fahrer); **Pindaya** > **Inle-See** ca. 3 Std. (Wagen mit Fahrer); **Inle-See** > **Mandalay** ca. 7–8 Std. (Wagen mit Fahrer); **Mandalay** > **Monywa** 3–4 Std. (Wagen mit Fahrer); **Monywa** > **Pakokku** 4 Std. (Wagen mit Fahrer); **Pakokku** > **Bagan** ca. 2 Std. per Boot; **Bagan** > **Pyay** ca. 10 Std. (Wagen mit Fahrer); **Pyay** > **Yangon** ca. 5 Std. (Wagen mit Fahrer).
VERKEHRSMITTEL: Mietwagen mit Fahrer lassen sich über Hotels und Reiseanbieter arrangieren; Flüge Yangon–Sittwe–Yangon 1x tgl., Yangon–Heho mehrmals tgl. (am besten über eine Agentur in Yangon buchen); Privatboote für die Strecken Sittwe–Mrauk U–Sittwe sowie Pakokku–Bagan kann man direkt vor Ort chartern; auf der Strecke Bagan–Pyay–Yangon verkehren auch akzeptable (langsame) Busse.

Nach einem zweitägigen Aufenthalt in **Yangon** > S. 60 bereisen Sie zunächst den Westen des Landes: Das Flugzeug bringt Sie am 3. Tag nach **Sittwe** > S. 140, einer sehenswerten Hafenstadt. Von dort nehmen Sie ein Charterboot in die einstige Rakhine-Metropole **Mrauk U** > S. 141, um die vielen Tempelruinen zu sehen. Am 7. Tag reisen Sie per Boot zurück nach Sittwe und per Flugzeug weiter nach Yangon. Schon am nächsten Tag fliegen Sie in den Shan-Staat nach **Heho**. Eine mäßig gute Straße führt durch eine Bilderbuchlandschaft nach **Pindaya** > S. 114, einen Marktflecken mit berühmter Tropfsteinhöhle. Die Tage 9 und 10 sind dem wunderschönen **Inle-See** > S. 116 gewidmet, Tag 11 empfiehlt sich für einen Ausflug in die Shan-Metropole **Taunggyi** > S. 120 und zum Pagodenwald von **Kakku** > S. 121. Eine anstrengende Autofahrt bringt Sie in die letzte Königsstadt **Mandalay** > S. 102, wo Sie zwei Tage verweilen, bevor es am 15. Tag weiter nach **Monywa** > S. 102 am Chindwin-Fluss geht. Dort sind die berühmte Thanboddhay-Pagode und die Hpo-Win-Daung-Höhlen sehenswert. Von Monywa starten Sie am 16. Tag in die alte Handels- und Klosterstadt **Pakokku** > S. 99, um noch nachmittags per Charterboot den Ayeyarwady flussabwärts oder per Auto **Bagan** > S. 90 zu reisen, wo Sie ein bis zwei Tage verbringen. Am vorletzten Tag fahren Sie nach **Pyay** > S. 88 und besuchen die antiken Ruinen der Pyu.

TOUR 12

ABSEITS DER HAUPTROUTEN – DREI WOCHEN

ROUTE: Yangon > Mandalay > Pyin U Lwin > Hsipaw > Lashio > Mandalay > Myitkyina > Bhamo > Mandalay > Yangon > Pathein > Ngwe Saung > Yangon

KARTE: Klappe hinten
DISTANZEN: **Yangon** > **Mandalay** 11/2 Std. Flug; **Mandalay** > **Pyin U Lwin** 2 Std. (Wagen mit Fahrer); **Pyin U Lwin** > **Hsipaw** ca. 7–8 Std. mit dem Zug; **Hsipaw** > **Lashio** ca. 1 Std. mit dem Bus; **Lashio** > **Mandalay** 6–7 Std. per Bus; **Mandalay** > **Myitkyina** 1 Std. Flug; **Myitkyina** > **Bhamo** mind. 11/2 Tage per Fähre (oder 10 Std. per Wagen mit Fahrer); **Bhamo** > **Mandalay** ca. 3 Tage per IWT-Fähre; **Mandalay** > **Yangon** 11/2 Std. Flug; **Yangon** > **Pathein** ca. 5 Std. per Bus; **Pathein** > **Ngwe Saung** ca. 2 Std. per Bus; **Ngwe Saung** > **Yangon** 6 Std. per Bus.
VERKEHRSMITTEL: Zugtickets gibt es vor Ort in Pyin U Lwin bzw. Hsipaw; Bustickets mind. 1 Tag vor Abfahrt kaufen. Flüge Yangon–Mandalay mehrmals tgl., Mandalay–Myitkyina mehrmals pro Woche. Wollen Sie die reizvolle Strecke Myitkyina–Bhamo (128 km) per Boot zurücklegen, müssen Sie eine Übernachtung in Simbo einplanen. Die IWT-Fähre Bhamo–Mandalay fährt nur 3x/Woche. Wichtig: Wegen des höheren Wasserstands unternehmen Sie die Flussfahrt am besten am Ende der Regenzeit oder Beginn der Trockenzeit (Okt.–Dez.). Später verlängern Sandbänke die Fahrt.

Die folgende Reise ist zeitlich nicht genau kalkulierbar, da sie abseits der Touristenpfade liegt. Von **Yangon** > S. 60 fliegen Sie nach **Mandalay** > S. 102, um von dort am 4. Tag nach **Pyin U Lwin** > S. 123, der alten kolonialen Sommerfrische, weiterzufahren. Am 6. Tag nehmen Sie den Zug über den **Gokhteik-Viadukt** > S. 124 in die einstige Fürstenstadt **Hsipaw** > S. 125 – ein Highlight der Reise. Weiter geht es am 8. Tag per Bus nach **Lashio** > S. 126, einer boomenden Handelsstadt. Am 10. Tag werden Sie von Lashio aus mit dem Bus erst abends Mandalay erreichen. Sie erholen sich einen Tag in der letzten Königsstadt und fliegen dann nach **Myitkyina** > S. 130 im Kachin-Staat. Die Tage 13 und 14 können Sie für die Erkundung der Umgebung nutzen. Per Boot fahren Sie zwei Tage lang von Myitkyina weiter nach **Bhamo** > S. 131. Dort nehmen Sie die IWT-Fähre, um auf dem Ayeyarwady an etwa drei Tagen (je nach Wasserstand) nach Mandalay zu fahren– eine der schönsten Flusspassagen des Landes. Mit Glück kommen Sie am 19. Tag in Mandalay an, von wo sie nach Yangon zurückfliegen. Von dort können Sie zur Entspannung über **Pathein** > S. 136 zum Strand von **Ngwe Saung** > S. 138 fahren.

INFOS VON A–Z

ÄRZTLICHE VERSORGUNG

Außerhalb von Yangon und Mandalay lassen die Ausstattung von Krankenhäusern wie auch Qualifikation und Sprachkenntnisse der Ärzte sehr zu wünschen übrig. Bei der Behandlung landestypischer Krankheiten, etwa Infektionen des Magen-Darm-Traktes, gibt es dennoch keinerlei Probleme, da derartige Fälle zum Arbeitsalltag der Ärzte gehören. Bei chronischen Krankheiten sollten Sie Ihre Reise auf die touristischen Zentren beschränken. Medikamente sind in Apotheken *(pharmacy)* frei verkäuflich, allerdings oft fraglicher Herkunft und Qualität.

- **International SOS**
  Inya Lake Hotel
  37 Kaba Aye Pagoda Rd., Yangon,
  Tel. 01/667877, 667879
- **Pun Hlaing Clinic – FMI Center**
  380 Bogyoke Aung San Rd., Yangon,
  Tel. 01/243010
- **Nyein Clinic**
  333 82nd St. zw. 29th u. 30th St.
  Mandalay, Tel. 02/32050

AUSRÜSTUNG & GEPÄCK

Eine Taschenlampe hilft bei nächtlichen Stromausfällen und Spaziergängen, ein Fernglas beim Bestaunen diamantenbesetzter Pagodenschirme. Sonnenbrille, Sonnenschutzmittel mit hohem Lichtschutzfaktor sowie Badezeug gehören ebenfalls unbedingt ins Gepäck. Erwägen Sie Schiffsreisen oder Trekkingtouren, brauchen Sie außerdem einen Schlafsack.

Packen Sie in Ihre Reiseapotheke Medikamente gegen Erkältungen, evtl. Seekrankheit, Durchfall, Magenverstimmung, dazu Pflaster, Desinfektions- und Mückenschutzmittel.

Ins Reisegepäck gehören unbedingt eine warme Jacke und feste Schuhe – weitere Informationen › **Kleidung S. 152.**

DEVISENBESTIMMUNGEN

Deviseneinfuhr ist in beliebiger Höhe gestattet, muss aber ab einem Gesamtwert von 10 000 US-$ deklariert werden.

DIPLOMATISCHE VERTRETUNGEN

In Europa:

- Botschaft von Myanmar
  Thielallee 19, 14195 Berlin,
  Tel. 030/20 61 57 10,
  www.meberlin.com
- Generalkonsulat
  Ave. Blanc 47, 1202 Genf,
  Tel. 022/906 98 70,
  www.myanmargeneva.org
- Botschaft von Myanmar
  Donau-City-Straße 6,
  Andromeda Tower, 1220 Wien,
  Tel. 01/2669105,
  www.myanmarembvienna.at

In Myanmar:

- **Deutsche Botschaft**
  9 Bogyoke Aung San Museum Rd.,
  Yangon, Tel. 01/548 951-2,
  www.rangun.diplo.de
- **Schweizerische Botschaft**
  11 Kabaung Lane, 5 1/2 Mile,
  Pyay Rd., Yangon, Tel. 01/534754,
  www.eda.admin.ch/yangon

EINREISE

Für Deutsche, Österreicher und Schweizer besteht Visumspflicht. Kinder benötigen einen eigenen Reisepass. Das Visum muss vorab bei einer diplomatischen Vertretung von Myanmar beantragt werden. Dazu sind ein mindestens noch sechs Monate gültiger Reisepass, zwei ausgefüllte Antragsformulare und zwei aktuelle Passfotos notwendig. Die Formulare können über die Webseiten der Botschaften heruntergeladen werden. Die Bearbeitungszeit beträgt derzeit bis zu vier Wochen, das 28 Tage gültige Touristenvisum kostet 40 € bzw. 40 CHF. Alternativ lässt sich auch ein E-Visum über www.evisa.moip.gov.mm für 50 US-$ beantragen, das bei einer Einreise über die internationalen Flughäfen sowie die thailändisch-myanmarischen Grenzübergänge in Tachilek, Myawaddy und Kawthoung genutzt werden kann.

ELEKTRIZITÄT

230 V, 50 Hz. Die Stromversorgung ist selbst in den Großstädten schlecht, außerhalb miserabel (häufig Stromausfälle). Da diverse Steckdosenvarianten existieren, sollten Sie unbedingt Adapter mitnehmen!

FLUGHAFENGEBÜHREN & FLUGRÜCKBESTÄTIGUNG

Die Flughafengebühren sind im Ticketpreis enthalten. Inlandsflüge müssen Sie unbedingt rückbestätigen, da es häufig zu Flugplanänderungen kommt.

FOTOGRAFIEREN

Fotografieren ist auch bei Einheimischen beliebt, dennoch sollten Sie unbedingt um Erlaubnis fragen, wenn Sie Menschen aufnehmen möchten. Das Ablichten der zahlreichen militärischen Objekte kann auch dann zu Problemen führen, wenn vor Ort kein Verbotsschild steht.

Videokameras kosten bei verschiedenen Sehenswürdigkeiten zusätzlich. Speicherchips erhalten Sie nur in den großen Städten.

GELD, WÄHRUNG, UMTAUSCH

Die Landeswährung ist der **Kyat** (*dschat* gesprochen). Im Umlauf sind Banknoten zu 50, 100, 200, 500, 1000, 5000, 5000 und 10 000 Kyat. Offizielle Umtauschmöglichkeiten von Geldscheinen in US-$ und € bestehen an Bankschaltern auf Flughäfen, offiziellen »Money Changer« und in Filialen privater Geldinstitute wie etwa Kanbawza (KBZ) Bank und CB Bank. Dort nimmt auch die Zahl der Geldautomaten zu. Dort kann man dreimal pro Tag bis zu 300 000 Kyat abheben (5000 Kyat Gebühr plus Gebühr der Heimatbank).

Für Ihren Aufenthalt in Myanmar sollten Sie neben Kyat und Euros (für den Umtausch) vor allem Dollarscheine in der Tasche haben, denn die US-Währung ist beim Kauf der Flugtickets sowie bei vielen offiziellen Eintrittsgeldern gefragt. Es werden nur unbeschädigte und saubere Noten akzeptiert. Die meisten Hotels berechnen die Übernachtung in US-$, Speisen und Getränke aber in Kyat. Landeswährung benötigen Sie beim Bezahlen von Billigunterkünften, in Restaurants und auf dem Markt. Achten Sie darauf, genügend Kleingeld in der Tasche zu haben, da Wechselgeld oft eine Rarität ist. Reiseschecks werden gar nicht, Kreditkarten an Geldautomaten und zunehmend in Hotels akzeptiert.

GESUNDHEITSVORSORGE

Magen-Darm-Erkrankungen sind im ganzen Land verbreitet. Meiden Sie unbedingt alles Rohe bzw. Ungeschälte sowie Leitungswasser. Auch Speiseeis, Eiswürfel aus zerstoßenem Eis sowie offene Getränke sind riskant. Selbst zum Zähneputzen sollten Sie lieber Wasser aus der Flasche verwenden und sich öfter die Hände waschen.

URLAUBSKASSE

• Tasse Kaffee:	0,70 €
• Mineralwasser (0,5 l):	0,50 €
• Flasche Bier:	1,50–2 €
• Curry-Gericht (einfaches Lokal):	ab 3 €
• Taxifahrt (pro km):	2 €
• Mietwagen mit Fahrer/Tag:	ab 50 €
• Fahrrad/Tag:	2 €

Der **Temperatursturz** nach Sonnenuntergang ist in manchen Gegenden enorm. Wenn Sie dann noch bei laufender Klimaanlage einschlafen, haben Sie schnell eine Erkältung. Nehmen Sie daher abends eine Jacke mit und schlafen Sie nie unter einem laufenden Deckenventilator.

Malaria ist in Myanmar weitverbreitet. Hervorgerufen durch den Stich infizierter Anopheles-Mücken, zählt sie zu den gefährlichsten Tropenkrankheiten. Die Symptome ähneln oft denen einer schweren Grippe, bei entsprechenden Anzeichen besteht also Lebensgefahr und Sie müssen unbedingt den Arzt aufsuchen. Dies gilt auch für die Monate nach Ihrer Rückkehr. Bei rechtzeitiger Diagnose ist Malaria auch in Myanmar überall problemlos zu therapieren.

Am sichersten geht allemal, wer sich erst gar nicht stechen lässt. Die Mücke sticht zwar im Allgemeinen nur zwischen Sonnenunter- und -aufgang, doch in der Abgeschlossenheit eines Hotelzimmers macht sie auch schon mal eine Ausnahme. Bei Einbruch der Dunkelheit schützen lange Hosen, langärmelige Hemden und ein Mückenschutz. Leider gibt es gegen das periodisch auftretende und ebenfalls von Mücken übertragene **Dengue-Fieber** keinen ausreichenden Schutz.

Näheres zu Impfungen und Prophylaxe gibt es auf www.fit-for-travel.de.

INFORMATIONEN

- **Myanmar Travels and Tours (MTT)**
  Die staatliche Tourismusorganisation bietet nur mäßige Infos.
  118 Mahabandoola Garden St., Yangon, Tel. 01/371286, www.tourism.gov.mm

INTERNET

Hotels und Cafés sind zunehmend mit (langsamem) WLAN ausgestattet. Alternativ kann man über eine lokale SIM-Karte online gehen.

KLEIDUNG

Reisen Sie während der Hauptsaison (Okt.–Feb.), sind eine warme Jacke und festes Schuhwerk unabdingbar. Einen Hut brauchen Sie gegen die Sonne, Stofftaschentücher zum Schweißabwischen. Birmanen sind äußerst konservativ, lassen Sie daher knapp sitzende Badesachen zu Hause. Auch kurze Hosen sind verpönt.

Für eventuelle gesellschaftliche Anlässe sind beide Geschlechter mit einem Seidenlongyi und Mandalay-Slippers sowie die Damen mit einer Bluse und die Männer mit einem Mandalay-Shirt bestens ausgestattet.

LITERATURTIPPS

- Zu den absoluten Klassikern zählt der Roman **»Tage in Burma«** (Zürich 2003), in dem der einst in Myanmar als Kolonialbeamter stationierte George Orwell die Herrschaft des Empire kritisch unter Lupe nimmt.
- In **»Der Glaspalast«** (München 2006) verarbeitet Amitav Ghosh literarisch die Ereignisse in Myanmar seit der Abdankung des letzten Königs Thibaw.
- Ihre Erinnerungen als Frau des 1962 vom Militärregime ermordeten Shan-Fürsten von Hsipaw schrieb die Österreicherin Inge Sargent in **»Dämmerung über Birma«** (Zürich 2015) nieder.
- Eine schöne Sammlung von Myanmar-Geschichten namhafter Autoren haben Alice Grünfelder und Lucien Leitess in **»Reise nach Myanmar. Kulturkompass fürs Handgepäck«** (Zürich 2009) zusammengestellt.
- Die Autorin Ma Thanegi erzählt in **»Pilgerreise in Myanmar«** (Zürich 2012) mit Augenzwinkern über ihre Erlebnisse während einer Pilgerfahrt.

ÖFFNUNGSZEITEN

Banken, Behörden und Postämter haben am Wochenende geschlossen; sicher geöffnet sind diese Mo–Fr zwischen 10 und

15 Uhr. Märkte sind an Vollmondtagen, zuweilen auch sonntags geschlossen, Geschäfte nach Lust und Laune der Inhaber.

SICHERHEIT

Im Großen und Ganzen ist Myanmar ein sicheres Reiseland. Da aber ein Lehrer im Monat weniger verdient, als Sie an einem fröhlichen Abend verprassen, sollten Sie niemanden in Versuchung führen, indem Sie Geld oder Wertgegenstände unbeaufsichtigt lassen. Wegen der fehlenden Akzeptanz von Schecks und Kreditkarten werden Sie vermutlich den Einheimischen fantastisch anmutende Bargeldbeträge mit sich tragen, über deren Verwahrung (Brustbeutel, Geldgürtel) Sie sich vorab Gedanken machen sollten.

- **Notruf:** Polizei 199, Feuerwehr 191, nur Yangon: Tel. 201760, 376166

Beachten Sie vor der Reise die Sicherheitshinweise der Auswärtigen Ämter:

- www.auswaertiges-amt.de (D)
- www.bmaa.gv.at (A)
- www.eda.admin.ch (CH)

TELEFON

Ausländische SIM-Karten funktionieren weitgehend, aber zu regional sehr unterschiedlichen Tarifen. Für wenig Geld können Sie eine lokale SIM-Karte von MPT, Ooredoo oder Telenor besorgen und damit Auslandsgespräche führen.

Dank kostenlosem WLAN in Hotels und Cafés können Sie z. B. Skype nutzen.

Internationale Vorwahlen:

- Myanmar: 00 95
- Deutschland: 00 49
- Österreich: 00 43
- Schweiz: 00 41

TRINKGELD

In Hotels und dort, wo eine Rechnung auf einem Tablett oder in einer Mappe serviert wird, erwartet man ein Trinkgeld. Sind Sie mit Fahrer und Guide unterwegs,

Hier gibt's ein öffentliches Telefon

sind jeweils 1,50–2 US-$ Trinkgeld pro Reisetag üblich. Besuchen Sie eine Pagode oder ein Kloster, so sollten Sie dort eine Spende hinterlassen.

ZEITVERSCHIEBUNG

MEZ + 5 1/2 Std., während der europäischen Sommerzeit + 4 1/2 Std.

ZOLL

Eingeführt werden dürfen alle Gegenstände des persönlichen Gebrauchs. Schmuck, Elektrogeräte (auch Videokameras und Computer) sowie Fotoapparate sind bei der Einreise anzugeben. Die Einfuhr von Drogen, Waffen und pornografischem Material ist verboten.

Die Zollfreigrenzen bei der Wiedereinreise nach Deutschland, Österreich und in die Schweiz liegen bei 200 Zigaretten, 1 l Hochprozentigem oder 2 l Wein sowie Geschenken im Gesamtwert von 430 € bzw. 300 CHF.

Generelles Ausfuhrverbot gilt für Antiquitäten, Buddhastatuen und archäologische Objekte. Produkte aus geschützten Tierarten dürfen nicht nach Europa eingeführt werden; es drohen Beschlagnahme und dazu hohe Strafen (www.artenschutz-online.de).

REGISTER

BILDNACHWEIS

Coverfoto: Mönche vor einem Tempel, Mingun, Myanmar © AWL Images/Danita Delimont Stock
Fotos Umschlagrückseite: Fotolia/SeanPavonePhoto (links); Huber Images/Pipe, Ben (Mitte); Shutterstock/Bidouze, Stephane (rechts)

Archiv Volker Klinkmüller: 83; AWL Images Ltd/Garrod, Katie: 142; dpa Picture-Alliance/Mohr, Christoph: 77, 132; Fotolia/avigator35: 22; Fotolia/Bajurin, Dario: 119; Fotolia/donyenadoman: 108; Fotolia/f9photos: 110; Fotolia/hecke71: 128; Fotolia/itacud: 91; Fotolia/Marino, Christian: 80; Fotolia/Nikolaeva, Svetlana: 111; Fotolia/noelbynature: 85; Fotolia/SeanPavonePhoto: 54/55; Fotolia/seqoya: 61; Fotolia/skaman306: 10; Fotolia/Wong Sze Fei: 34/35; Getty Images/Barker, Tim Gerard: 49; Getty Images/Bognar, Tibor: 52; Getty Images/Cohen, Jess: 19; Getty Images/Greedy, David: 47; Getty Images/Hiroyuki, Ito: 100; Getty Images/Ratnayake, Asanka Brendon: 71; Getty Images/Tournut, Jean-Philippe: 12; Getty Images/ugurhan: 43; Getty Images/Wright, Alison: 39; Gruber, Heidi: 27, 44, 117; Huber Images/F. Damm: 56; Huber Images/Pipe, Ben: 9, 13; Huber Images/Taylor, Richard: 20/21; laif/SZ Photo/Giribas, Jose: 64; Lookphotos/Leue, Holger: 28; Lookphotos/robertharding: 146; Mauritius Images/age: 73; Mauritius Images/Alamy/Design Pics Inc: 126; Mauritius Images/imageBROKER: 14, 137, 153; Mauritius Images/Runkel, Michael: 107; Mauritius Images/Strigl, Egmont: 69; Petrich, Martin H.: 8, 32, 37, 89, 124, 131, 145, 147; Shutterstock/Anna ART: 75; Shutterstock/Bidouze, Stephane: 6/7; Shutterstock/eFesenko: 17; Shutterstock/Francky38: 139; Shutterstock/Ikuni: 103; Shutterstock/Irosebrugh: 96, 105; Shutterstock/M.A. Cynthia: 58; Shutterstock/Offenberg, Chr.: 84; Shutterstock/Sandyman: 23; Shutterstock/sihasakprachum: 57; Shutterstock/walkdragon: 15; Shutterstock/Zzvet: 16; stock.adobe.com/Khoroshunova, Olga: 133; stock.adobe.com/S. G.: 78; Wikipedia/CC 3.0/Cephoto Uwe Aranas: 123.

Liebe Leserin, lieber Leser,
wir freuen uns, dass Sie sich für diesen POLYGLOTT on tour entschieden haben.
Unsere Autorinnen und Autoren sind für Sie unterwegs und recherchieren sehr gründlich, damit Sie mit aktuellen und zuverlässigen Informationen auf Reisen gehen können.
Dennoch lassen sich Fehler nie ganz ausschließen. Wir bitten Sie um Verständnis, dass der Verlag dafür keine Haftung übernehmen kann.

Ihre Meinung ist uns wichtig. Bitte schreiben Sie uns:
GRÄFE UND UNZER VERLAG
Postfach 86 03 66, 81630 München, Tel. 0 89 / 419 819 41
www.polyglott.de

LESERSERVICE
polyglott@graefe-und-unzer.de
Tel. 0 800 / 72 37 33 33 (gebührenfrei in D, A, CH), Mo–Do 9–17 Uhr, Fr 9–16 Uhr

1. Auflage 2019

Dieses Buch wurde auf chlorfrei gebleichtem Papier gedruckt.
ISBN 978-3-8464-0432-4

Bei Interesse an maßgeschneiderten B2B-Editionen:
gabriella.hoffmann@graefe-und-unzer.de

Bei Interesse an Anzeigen:
KV Kommunalverlag GmbH & Co KG
Tel. 089/928 09 60
info@kommunal-verlag.de

Verlagsleitung: Grit Müller
Verlagsredaktion: Anne-Katrin Scheiter
Autor: Martin Petrich
Redaktion: Elke Sagenschneider Texte und Projekte, München
Bildredaktion: Dr. Nafsika Mylona
Mini-Dolmetscher: Langenscheidt
Umschlaggestaltung & Layout:
Independent Medien Design, München
Horst Moser (Artdirection), Lucie Heselich
Karten und Pläne: Theiss Heidolph und Kunth Verlag GmbH & Co. KG
Satz: Tim Schulz, Mainz
Herstellung: Anna Bäumner, Gloria Schlayer
Druck und Bindung:
Printer Trento, Italien

PEFC™
PEFC/18-31-506

GRÄFE UND UNZER

Ein Unternehmen der
GANSKE VERLAGSGRUPPE

MINI-DOLMETSCHER ENGLISCH

ALLGEMEINES

Guten Morgen.	Good morning. [gud **moh**ning]
Guten Tag. (nachmittags)	Good afternoon. [gud after**nuhn**]
Hallo!	Hello! [häl**loh**]
Wie geht's?	How are you? [hau **ah**‿ju]
Danke, gut.	Fine, thank you. [**fain, θänk**‿ju]
Ich heiße ...	My name is ... [mai **nehm**‿is]
Auf Wieder-sehen.	Goodbye. [gud**bai**]
Morgen	morning [**moh**ning]
Nachmittag	afternoon [after**nuhn**]
Abend	evening [**ihw**ning]
Nacht	night [nait]
morgen	tomorrow [tu**morr**oh]
heute	today [tu**deh**]
gestern	yesterday [**jes**terdeh]
Sprechen Sie Deutsch?	Do you speak German? [du‿ju spihk **d~~seh~~öh**mən]
Wie bitte?	Pardon? [**pah**dn]
Ich verstehe nicht.	I don't understand. [ai **dohnt** ander**ständ**]
Würden Sie das bitte wiederholen?	Would you repeat that please? [wud‿ju ri**piht** ðät, **plihs**]
bitte	please [**plihs**]
danke	thank you [**θänk**‿ju]
was / wer / welcher	what / who / which [wott / huh / witsch]
wo / wohin	where [wäə]
wie / wie viel	how / how much [hau / hau **matsch**]
wann / wie lange	when / how long [wänn / hau **long**]
warum	why [wai]
Wie heißt das?	What is this called? [**wott**‿**is** ðis **kohld**]
Wo ist ...?	Where is ...? [**wäər**‿is ...]
Können Sie mir helfen?	Can you help me? [kän‿ju **hälp**‿mi]
ja	yes [jäss]
nein	no [noh]
Entschuldigen Sie.	Excuse me. [iks**kjuhs** miðə
rechts	on the right [on ðə reit]
links	on the left [on ðə left]
Gibt es hier eine Touristen-information?	Is there a tourist information? [is‿ðər‿ə **tuə**rist infəmehschn]
Haben Sie einen Stadt-plan ?	Do you have a city map? [du‿ju häw‿ə **ß**iti mäpp

SHOPPING

Wo gibt es ...?	Where can I find ...? [**wäə** kən‿ai **faind** ...]
Wie viel kostet das?	How much is this? [**hau**‿matsch **is**‿ðis]
Das ist zu teuer.	This is too expensive. [ðis‿is **tuh** iks**pänn**ßiw]
Das gefällt mir (nicht).	I like it. / I don't like it. [ai **laik**‿it / ai **dohnt laik**‿it]
Wo ist eine Bank / ein Geldautomat?	Where is a bank / a cash dispenser? [**wäər**‿is ə‿**bänk** / ‿ə **käsch** dispännser]
Geben Sie mir 100 g Käse / zwei Kilo ...	Could I have a hundred grams of cheese / two kilograms of ... [kud‿ai häw‿ə **hann**drəd grämms‿əw **tschihs** / **tuh kill**əgrämms‿əw ...]
Haben Sie deutsche Zeitungen?	Do you have German newspapers? [du‿ju häw **d~~seh~~öh**mən **njuhs**pehpers]

ESSEN UND TRINKEN

Die Speise-karte, bitte.	The menu please. [ðə **männ**ju plihs]
Brot	bread [bräd]
Kaffee	coffee [**koffi**]
Tee	tea [tih]
mit Milch / Zucker	with milk / sugar [wið‿**milk** / **schugg**er]
Orangensaft	orange juice [**orr**ənd~~seh~~‿d~~seh~~uhs]
Mehr Kaffee, bitte.	Some more coffee please. [ßəm‿moh **koffi** plihs]
Suppe	soup [ßuhp]
Fisch	fish [fisch]
Fleisch	meat [miht]
Geflügel	poultry [**pohl**tri]
Beilage	sidedish [**ßaid**disch]
vegetarische Gerichte	vegetarian food [wäd~~seh~~ə**tä**riən fud]
Eier	eggs [ägs]
Salat	salad [**ßäl**əd]
Dessert	dessert [di**söht**]
Obst	fruit [fruht]
Eis	ice cream [ais **krihm**]
Wein	wine [wain]
weiß / rot / rosé	white / red / rosé [wait / räd / **roh**seh]
Bier	beer [**biə**]
Mineralwasser	mineral water [**minn**rəl wohter]
Ich möchte bezahlen.	I would like to pay. [ai‿wud **laik**‿tə **peh**]

MEINE ENTDECKUNGEN

Teilen Sie Ihre Entdeckungen auf facebook.com/Polyglottreisewelt.

CHECKLISTE MYANMAR

Nur da gewesen oder schon entdeckt?

☐ **IM FAHRRADSATTEL DURCH GRÜNE FELDER**
Tiefgrüne Reisfelder, altertümliche Klöster und freundliche Menschen – das alles erleben Sie bei einer Radtour im Osten von Mandalay. › S. 13

☐ **DEFTIGES FRÜHSTÜCK**
Mit *mohinga,* einer reichhaltigen Nudelsuppe mit Fischsoße, kann der Tag beginnen. Gut dazu passt *nanpya,* ein knuspriges Fladenbrot. › S. 15

☐ **MYANMAR VOM WASSER AUS**
Auf dem Indawgyi, Myanmars größtem See im hohen Norden, können Sie mit dem Kajak eine Runde drehen. › S. 12

☐ **TEE KANN MAN AUCH ESSEN**
Lephet thoke, eingelegte Teeblätter mit gerösteten Bohnen und Linsen, gelten in Myanmar als beliebter Snack und eignen sich auch prima als Mitbringsel. › S. 15

☐ **IHR BUDDHA FREUT SICH**
An der Shwedagon-Pagode in Yangon können Sie Ihre Planetenandachtsstelle aufsuchen und einen Buddha mit Wasser übergießen. › S. 13

☐ **BITTE ZURÜCKLÄCHELN**
Im Nga-Phe-Chaung-Kloster auf dem Inle-See werden Sie von sanft lächelnden Buddhas begrüßt. Trotz ihres Alters wirken sie noch recht jugendlich. › S. 16

☐ **ZUM STAUNEN**
Bunte Mosaikfenster, Glasfliesen, filigrane Teakholschnitzereien und verspiegelte Wände – das Seindon-Mibaya-Kloster in Mawlamyine ist eine überraschende Schatzkiste. › S. 16

MITBRINGSEL

- **Chinlon:** Die geflochtenen Bälle aus Rattan passen in jeden Koffer › S. 17
- **Myanmar zum Umhängen:** Bunte Stofftaschen aus dem Shan-Staat › S. 18